河北环境工程学院博士科研基金项目资助

城镇老年人旅游消费
影响机制研究

徐晓娜 ○ 著

Research on Influence Mechanism
of Tourism Consumption of

Urban Elderly

中国社会科学出版社

图书在版编目（CIP）数据

城镇老年人旅游消费影响机制研究／徐晓娜著．—北京：中国社会科学出版社，2023.4

ISBN 978 – 7 – 5227 – 1530 – 8

Ⅰ.①城… Ⅱ.①徐… Ⅲ.①老年人—旅游消费—研究—中国 Ⅳ.①F592.6

中国国家版本馆 CIP 数据核字（2023）第 040845 号

出 版 人	赵剑英	
责任编辑	马　明	
责任校对	蒋佳佳	
责任印制	王　超	

出　　版	中国社会科学出版社	
社　　址	北京鼓楼西大街甲 158 号	
邮　　编	100720	
网　　址	http://www.csspw.cn	
发 行 部	010 – 84083685	
门 市 部	010 – 84029450	
经　　销	新华书店及其他书店	

印　　刷	北京君升印刷有限公司	
装　　订	廊坊市广阳区广增装订厂	
版　　次	2023 年 4 月第 1 版	
印　　次	2023 年 4 月第 1 次印刷	

开　　本	710×1000　1/16	
印　　张	12.5	
插　　页	2	
字　　数	215 千字	
定　　价	69.00 元	

前　　言

　　由于生育率的下降和预期寿命的延长，中国人口老龄化处于快速发展阶段，并将成为一种社会常态，延伸到社会经济发展的各个领域，消费领域就是其中一部分。旅游消费已经成为提升老年人生活品质的重要消费方式。随着人口老龄化水平的快速提升，对旅游消费将产生怎样的影响与冲击，老年旅游者是一个独特的消费群体，其旅游消费行为特征是什么？价值观是消费行为的最终决定因素，那么，消费价值观对老年人的旅游消费行为会产生怎样的影响，又是通过怎样的路径作用于旅游消费行为？从微观层面系统研究老年旅游消费行为，是对中国旅游消费行为领域的有益探索，同时也具有挑战性。

　　本书以人口老龄化的快速发展为背景，首先从宏观视角预测并实证检验了城镇老龄化对国内旅游消费的冲击与影响趋势。其次在此基础上，将研究视角聚焦到微观层面，以城镇老年旅游消费行为为研究对象，探讨城镇老年人旅游消费行为特征，从消费价值观视角透视其旅游消费行为深层次的内在动因及其形成机制，并从代际视角，对城镇老年人和准老年人的旅游消费行为进行纵向比较。最后提出相关政策建议。

　　本书采用实地调查形式，在河北省秦皇岛市共收集调查问卷484份，其中预调研有效问卷105份，正式调研有效问卷379份，深入访谈10人。本书根据西方经典量表、相关文献归纳、实地调查等方法，分别构建了关于城镇老年人的消费价值观量表和旅游动机量表。基于此，本研究利用实地调查数据，对城镇老年人旅游消费行为特征、影响因素、消费价值观对旅游消费行为影响机制，以及对城镇老年人和准老年人的纵向比较进行实证研究。

　　在宏观方面，利用国内年度数据，预测并实证检验了城镇老龄化对国内旅游消费的冲击与影响趋势。结果表明，无论从短期还是长期来看，城镇老龄化对旅游总人次和旅游总花费都存在影响，并且从长期趋势而言，这种冲击对国内旅游总人次的影响较旅游总花费效果更显著。

在微观方面，从游伴和出游方式选择、旅游偏好、目的地选择、旅游花费、消费结构和出游频次等指标刻画城镇老年旅游消费行为特征。城镇老年人在出游同伴选择上以夫妻共同出游或与子女一起出游的家庭式出游为主；出游方式以自由行为主，其次是旅行社报团，其中，自由行的游客群体中，以与亲友或同事同行为主，旅行社报团以夫妻同行占主体；旅游偏好以游览自然风光为主，其次是健康疗养、度假和历史文化；城镇老年人更倾向于中远程距离的省外游；旅游花费为中等水平，以交通花费最多；出游频次总体较高。

在城镇老年人旅游消费行为影响因素方面，消费者对消费行为的价值感知和判断会受到价值观的影响，本书从城镇老年人消费价值观和旅游动机两个不同层次构建对旅游消费行为影响的分析框架。实证检验表明，城镇老年人的消费价值观和旅游动机对其旅游消费行为的作用程度与影响方向存在差异。

在城镇老年人旅游消费行为内在机制方面，本书构建城镇老年人消费价值观、旅游动机与旅游消费行为的影响机制模型，并通过结构方程模型验证了消费价值观对旅游消费行为的影响路径。具体来说，通过结构方程模型分析了城镇老年人消费价值观对旅游动机的影响路径，以及旅游动机对旅游消费行为的影响；分析并验证了旅游动机的中介效应。嵌入旅游情境下城镇老年人消费价值观能较准确地反映内心的终极状态，表明消费价值观能解释老年人为什么进行旅游消费，并通过关联路径透视消费价值观、旅游动机与旅游消费行为之间的关联以及路径作用机制。

通过比较城镇老年人与准老年人旅游消费行为，本书纵向分析比较城镇老年人和准老年人消费价值观以及旅游消费行为的差异。通过多群组结构方程模型验证了代际对旅游消费行为影响路径的调节效应，结果表明，不同代际间消费价值观的传承与嬗变形成了差异化的旅游消费行为。

综上所述，本书一方面在研究视角上，首次从消费价值观的视角，透视老年人旅游消费行为深层次内在动因，对建立本土化的旅游消费行为研究提供新的思路；另一方面，在理论模型方面，构建城镇老年人"消费价值观、旅游动机与旅游消费行为"的路径机制，验证旅游动机的中介效应，希望对类似消费行为研究提供理论依据。

目　　录

第一章

导　　论

第一节　选题背景与研究问题

一　选题背景

（一）人口老龄化的发展速度与规模向消费市场提出挑战

当前，随着中国老龄人口的急速增加，人口老龄化发展态势十分严峻，未来将会更加突出。截至 2016 年底，全国 60 岁及以上人口 23086 万人，占总人口的 16.7%，其中 65 岁及以上人口 15003 万人，占总人口的 10.8%[①]。据《国家应对人口老龄化战略研究总报告》预测[②]，2020 年中国人口老龄化水平将接近 18%，随后将进入人口老龄化的急速发展阶段；老龄化水平在 2039 年将高达 30%，进入深度老龄化阶段，成为人口老龄化水平最高国家之一；2054 年中国将达到老龄化的最高水平，老年人口将达到 34.9% 的峰值水平。从时间序列来看，中国人口老龄化水平从 10% 上升到 30%，可能仅用不到 40 年，中国老龄化发展速度在人口大国历史上史无前例。人口老龄化超快的发展进程、超大的人口规模以及超稳定的老龄化的社会形态表明，中国人口老龄化将会成为最重要的人口与社会经济现象之一[③]，并将延伸到中国社会经济发展的各个领域，消费领域就是其中一部分。伴随老龄人口规模与增长速度加速提高，老龄群体的消费需求将不断增加，其在消费群体中的重要角色日渐凸显。未来消费市场的发展将更多受到老龄群体消费者的影响，老龄消费甚至可能成为未来消

---

① 国家民政部：《2016 年社会服务发展统计公报》。

② 国家应对人口老龄化战略研究总课题组：《国家应对人口老龄化战略研究总报告》，华龄出版社 2014 年版，第 157 页。

③ 原新：《中国如何应对人口老龄化挑战》，《国家治理》2014 年第 21 期。

费增长的新引擎。

（二）老龄化群体旅游消费的兴起与老年旅游消费市场发展的滞后

老年人因逐渐退出经济活动，经济状况相较年轻人薄弱，因而与年轻人相比，传统观念通常认为老年人的消费需求与消费欲望较低，更加注重节俭且相对保守，即便有消费需求也无法兑现，等等。然而种种现实表明，随着中国经历前所未有的经济发展、社会进步以及观念的更新，无论从自身的经济实力还是养老生活方式的选择等方面，现代老年人都与过去传统观念下的老年人有所不同[①]。据中国老龄科学研究中心报告预测显示，中国老年人口的消费潜力将从 2014 年的 4 万亿元左右增长到 2050 年的 106 万亿元左右，占 GDP 的比例将从 8% 左右增长到 33% 左右。未来老龄市场消费在 GDP 中所占比重将持续攀升，老年人口快速增加的消费速度将远远快于人口增速[②]。随着城镇化水平与规模的显著提高，城镇老年人口规模较大且增长迅速。超过 40% 的城镇老年人具有一定的经济实力，42.8% 的老年人拥有存款，每年的离退休金、再就业收入、子女资助等各种资助合计可达 3000 亿—4000 亿元[③]，这是一项相当可观的购买力。从家庭生命周期的观点来看，子女大多已成家立业，老年人与年轻人相比，他们的家庭经济压力和精神负担会有所减轻，各项收入和积蓄基本上可用于自我消费。受改革开放的影响，中国逐步融入世界经济体系，已成为全球消费的重要组成部分。在这个过程中，老年人的消费取向、消费观念以及消费行为发生了一系列重大变革。在基本需求满足以后，消费对于老年人而言，不仅仅是一种工具性活动，更进一步成为一种带有文化符号的活动，精神需求不断加强[④]，旅游已经成为老年人提升生活质量的重要消费方式。有学者将拥有大量闲暇时间的老人形象地称为"闲暇阶级"（长谷川和夫、霜山德尔，1997）。从旅游产生所需要具备的经济、时间及意愿而言，老年族无疑是

---

① 杜鹏、武超：《1994—2004 年中国老年人主要生活来源的变化》，《人口研究》2006 年第 2 期。

② 陆杰华、王伟进、薛伟玲：《中国老龄产业发展的现状、前景与政策支持体系》，《城市观察》2013 年第 4 期。

③ 侯天仪：《人口普查我国迈入老龄社会，银发产业万亿商机凸显》，http://www.zgjrw.com/News/2011429/home/039717615600. Shtml，2013 年 3 月 9 日。

④ 王菲：《中国城市老年人消费行为和消费观念研究》，博士学位论文，中国人民大学，2014 年。

最适合出游的群体①，市场潜力巨大。

　　根据国家旅游局国内旅游抽样调查资料推算，2000 年 65 岁及以上城镇居民国内旅游人次为 2200 万人次，国内旅游总花费为 129.46 亿元；到 2013 年 65 岁及以上城镇居民国内旅游人次已达 1.62 亿人次，国内旅游总花费为 984.33 亿元。短短 13 年间，城镇老年人国内旅游规模增长了 7.4 倍，消费增长了 7.6 倍，与其他年龄结构人口出游规模相比，65 岁及以上的老年人出游人次数增长速度最快，如图 1-1 所示。

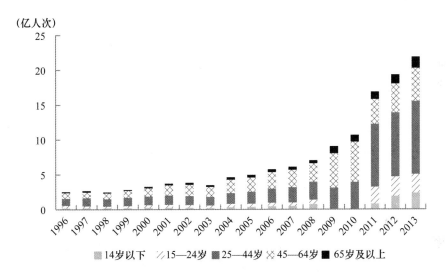

图 1-1　1996—2013 年中国城镇居民各年龄段国内出游人次堆积图

数据来源：国家旅游局《旅游抽样调查资料》（1996—2014）。

　　老龄群体旅游消费是旅游产业转型升级的强大动力，有效挖掘老龄群体消费潜力，真正释放老年人的旅游需求，将其转变成现实的有效需求，培育旅游产业新的经济增长点。老龄群体旅游消费需求及其巨大的市场规模与潜力，使企业再也无法漠视这一消费群体的存在，然而目前国内旅游市场并没有完全适应老龄化形势，旅游线路规划、产品开发以及专为老年人提供的旅游设施和服务等尚缺乏系统的老龄化思维，跟不上老年人的实

---

　　①　马桂顺、龙江智、李恒云：《不同特质银发族旅游目的地选择影响因素差异》，《地理研究》2012 年第 12 期。

际旅游需求①，限制了老年群体旅游消费水平的提高。

（三）老龄群体消费价值观的代际传承与嬗变

中国人口老龄化随着老年群体的代际更替，出生于中华人民共和国成立后的人口群体将逐渐步入老年期，并不断替代传统的老年群体而成为主导②。不同代际的消费者成长的社会环境不同，由此形成了不同的消费价值观，存在代际差异③。随着代际更替，根植于中国传统文化的价值观在代际传承的同时，在中国社会发展进程中，受国家经济社会、政治文化、价值观和世界观的剧烈变化以及西方文化影响及与其他社会群体间互动的增强，也在发生着嬗变与重组，这对老龄群体包括旅游消费行为在内的消费行为产生重要影响。在代际更替过程中，不同代际的老龄群体存在价值观的差异，促成具有差异化的旅游消费行为。

价值观在个体消费者行为、态度及其决策中起着特别重要的作用④，是消费者行为更为深层次的决定因素，不同的消费价值观促成了形形色色的消费行为⑤。城镇老龄群体消费价值观表现出的代际传承与嬗变势必会影响其消费行为。城镇老龄群体旅游消费行为研究应嵌入中国传统文化和社会变迁的背景，从文化转型和社会心理因素透视旅游消费行为的深层次的内在动因。

（四）老龄群体旅游消费行为研究的理论与现实意义凸显

旅游者的消费需求和消费行为随着社会发展不断变化，对旅游者需求研究特别是对其消费行为的研究非常迫切⑥。国内关于老龄群体旅游消费行为的研究从 2000 年后才逐渐开始。消费不单是社会经济行为，而且还交织着各自的文化心理和价值观念⑦。消费不足不纯粹由经济因素决定，

①　薛伟玲、陆杰华：《人口老龄化背景下国内旅游业发展前景的实证分析——基于边限协整检验》，《北京社会科学》2014 年第 9 期。

②　姚远、陈昫：《老龄问题群体分析视角理论框架构建研究》，《人口研究》2013 年第 2 期。

③　刘世雄、张宁、梁秋平：《中国消费者文化价值观的代际传承与嬗变——基于中国主流消费群的实证研究》，《深圳大学学报》（人文社会科学版）2010 年第 6 期。

④　Richins, M. L., "Special Possessions and the Expression of Material Values", *Journal of Consumer Research*, Vol. 21, No. 3, 1994.

⑤　Hellmut Schütte, Deanna Ciarlante, *Consumer Behavior in Asian*, New York：New York University Press, 1998.

⑥　范业正：《旅游者需求与消费行为始终是旅游研究的前沿问题》，《旅游学刊》2005 年第 3 期。

⑦　戴茂堂、江畅：《传统价值观念与当代中国》，湖北人民出版社 2001 年版。

还应考虑社会变迁、心理认知和价值观等因素对旅游消费行为的影响。老年人群消费规律除了借鉴经济学消费理论外，还可以从消费行为学的视角，从老人人格、消费态度等方面进一步解释，人格虽然是对个体而言，但在消费行为上，老年人的人格特征却表现出很多相同或近似的特点，其中最突出的是消费个性，即节俭、稳定、趋同化和非冲动性[1]，消费个性即可理解为消费价值观。社会学家发现，旅游消费行为的影响因素并非只有经济因素，政治、文化和社会结构等非经济因素也是影响旅游消费的重要方面[2]。因此，需要转换研究视角，跳出传统的经济学决定论思维，从跨学科角度，探索老龄群体旅游消费行为特征与影响机制，既是对中国老龄群体旅游消费行为领域的有益探索，也是一大挑战。

二　问题的提出

中国城镇老龄化处于快速增长阶段，老龄人口群体规模不断扩大。在社会变革背景下，老龄群体的消费理念、消费取向以及消费行为开始发生一系列重大改变。旅游已经成为提升老年人生活品质的重要消费方式。随着城镇老龄化水平的加速提高，将对旅游消费产生怎样的影响与冲击？城镇老年人旅游消费行为特征表现如何？价值观是消费行为的最终决定因素，老年人的消费价值观如何影响其旅游消费行为，通过怎样的路径作用于旅游消费行为，随着老龄化群体的代际更替，现在的老年人和即将进入老年期的准老年人[3]之间的消费价值观和旅游消费行为是否存在差异，代际是否对城镇老年人和准老年人的旅游消费行为的机制路径产生调节效应？

本书将首先从宏观视角预测人口老龄化快速发展背景下城镇老年人口旅游消费的发展趋势，通过实证分析验证城镇老龄化对旅游消费的冲击与影响趋势，然后将研究视角聚焦到微观层面，探究城镇老年人旅游消费行为，采用调研数据分析城镇老年人旅游消费行为的具体特征，从消费价值

---

[1]　原新：《老年人消费需求与满足需求能力基本关系的判断》，《广东社会科学》2002年第3期。

[2]　李怀、程华敏：《旅游消费的社会学解释：传统与前沿》，《兰州大学学报》（社会科学版）2010年第3期。

[3]　《人口科学辞典》（2009）定义"准老年人"，泛指年龄在45—59岁的人群，即成年人从中年过渡到老年的时期称为准老年时期。

观视角透视城镇老年人旅游消费行为的影响因素，并从理论和实证角度深度分析消费价值观对城镇老年人旅游消费行为的影响机制，最后对城镇老年人和准老年人进行比较，对比分析不同代际消费价值观、旅游消费行为及其机制路径存在的差异。希望通过对城镇老年人旅游消费行为的研究，提炼出老年人旅游消费行为的形成机理及其相关理论，为引导老龄群体旅游消费行为，拓展老年旅游消费市场，推动老龄服务产业发展提供借鉴。

三　研究意义

本研究以城镇老龄群体旅游消费行为为研究对象，从微观层面，以消费价值观为切入点，分析消费价值观对城镇老龄群体旅游消费行为的解释力，并进一步挖掘消费价值观对城镇老年人旅游消费行为的影响机制，具有一定的理论意义与实践意义。

首先，理论意义。第一，本研究试图以消费价值观为切入点，构建老年人的"消费价值观、旅游动机与旅游消费行为"的作用机制模型，采用深度访谈和问卷调查所获取的数据，深入探究城镇老年旅游消费行为的影响机制。第二，建构以旅游动机为中介变量的结构方程模型，验证旅游动机变量在消费价值观对旅游消费行为影响过程中的中介效应，期望能对包括旅游消费行为在内的消费行为研究提供借鉴。第三，对城镇老年人和准老年人进行纵向比较，探究城镇老年人和准老年人在消费价值观维度、旅游消费行为及机制路径的代际差异，这是对老龄群体研究的一个跨学科的横向拓展，将有利于加深对老龄群体的认识。

其次，实践意义。通过对城镇老年人旅游消费行为的研究，较全面揭示老龄群体旅游消费行为的特征，有助于旅游企业判断不同类型的老年旅游者，更加准确地把握其旅游消费行为，有效定位目标市场，从而针对不同类型的老年旅游者提供差异化的旅游产品与服务，有效提升老龄群体的生活品质。党的十八届三中全会《中共中央关于全面深化改革若干重大问题的决定》中明确指出"积极应对人口老龄化，加快建立社会养老服务体系和发展老年服务业"，这为未来中国老龄产业发展奠定了政策基础。丰富养老服务业态发展，支持养老服务产业与文化、健康、养生、休闲、旅游等产业融合发展，加快形成产业链长、覆盖领域广、经济社会效益显著的养老服务产业集群。旅游业作为养老服务产业的重要组成部分，2014 年，国务院《关于促进旅游业改革发展的若干意见》中指出要大力发展老年旅游。繁荣老年旅游市场，加强对老年旅游者服务质量的监管，引导支持相关行业、旅游企业推进适合老年人的旅游产品和线路的开发与规划。在更宏观的意义上，望通过旅游政策的制定，引导和优化老龄群体旅游消费行为，坚持"积极老龄化"，最大限度地提高老年人"健康、参与、保障"水平，真正释放老龄化群体的旅游需求，为老龄化背景下养老服务产业和旅游产业转型升级打开机会窗口。

第二节　概念、数据与方法

一　概念界定

1. 城镇老年旅游者

明晰城镇老年人的内涵是科学分析城镇老年旅游者的前提。首先，根据国家统计局《关于统计上划分城乡的规定》来界定城镇居民，即指居住在乡村以外区域的所有居民[1]。同时依据 2012 年颁布的《中华人民共和国老年人权益保障法》第二条规定：本法所称老年人是指 60 周岁以上的公民。因此城镇老年人是指居住在乡村以外区域的 60 岁以上的居民。同时按照《中国旅游统计年鉴（2014）》对旅游统计主要指标的解释[2]，本书主要研究国内旅游者，包括国内（过夜）游客和国内一日游游客。城镇居民国内旅游者指城镇居民中，不以谋求职业、获取报酬为目的，离开惯常环境 10 公里以外，停留时间超过 6 小时、但不超过 12 个月，从事参观游览、度假休闲、探亲访友、健康疗养、考察、会议等活动，以及从事经济、科技、文化、教育、体育、宗教等活动的人。

实际操作中，从城镇区域与旅游者以及年龄三个方面界定城镇老年旅游者，具体为：一是根据国家统计局《关于统计上划分城乡的规定》划分确定城镇区域，以此判断是否是城镇居民；二是根据《中国旅游统计年鉴》对旅游者的界定，并且在过去一年有过旅游经历，以此确定旅游

---

[1]　根据国家统计局发布的《关于统计上划分城乡的规定》标准，城镇包括城区和镇区。城区是指在市辖区和不设区的市、区、市政府驻地的实际建设连接到的居民委员会和其他区域；镇区是指在城区以外的县人民政府驻地和其他镇，政府驻地的实际建设连接到的居民委员会和其他区域（资料来源：国家统计局，2006 年 10 月 18 日，http://www.stats.gov.cn/tjsj/tjbz/200610/t20061018_ 8666. html）。

[2]　中华人民共和国国家旅游局：《中国旅游统计年鉴（2014）》，中国旅游出版社 2015 年版，第 123 页。

者身份；三是年龄为 60 岁及以上的老年旅游者。

2. 旅游消费行为

旅游消费行为是指个体通过收集有关旅游产品的相关信息进行决策，在购买、享受、评估、处理旅游产品时的行为表现与相关活动①。旅游消费行为是消费行为的一种类型，故旅游消费行为具有一般消费行为的所有特征；但旅游活动又有其特殊性，因而，旅游消费行为存在其特殊性的一面。旅游消费是一个过程，旅游消费行为是旅游消费者在贯穿于整个消费过程中的心理和行为表现。旅游消费行为可以分为三个阶段：旅游前决策行为，指旅游前通过获取信息对旅游目的地及出游方式等信息进行选择与决策；旅游消费水平，指旅游活动过程中所发生的各项消费的数量，包括吃、住、行、游、购、娱等各项消费；旅游后评估行为，指旅游消费后的评估行为，如果满意会再次购买旅游产品，增加出游频次。因此，旅游消费行为是一个涵盖了旅游活动的行前、行中和行后消费的动态过程，本研究运用游伴与出游方式选择、旅游偏好、旅游消费水平（目的地选择、旅游花费、消费结构）、出游频次等指标描述旅游消费行为特征。

3. 消费价值观

消费价值观是个体消费行为的内在驱动力，具有消费导向的作用，被认为是个体消费行为的最终决定因素②。消费价值观与价值观关联紧密，它是在价值观影响下逐步形成的消费价值取向，具有稳定、内隐等特征。价值观相同或相似的个人或群体应当会具有相同或相似的消费价值观③。近年来，消费价值观的研究日益受到社会学、心理学、消费行为学等众多领域研究者的关注，不同学科由于研究角度不同，对消费价值观内容的界定也有所不同。社会学认为消费价值观是人们对消费价值问题的根本看法，是在处理消费价值关系时所持的立场、观点和态度的总和④。心理学认为消费价值观是消费者个体从自身的消费需求出发，对消费对象和消费方式的评价及选择，具有多维构念的心理系统⑤。消费行为学认为消费价

---

① 杜炜：《旅游消费行为学》，南开大学出版社 2009 年版。

② Gutman, J., "A means-end Chain Model Based on Consumer Categorization Processes", *Journal of Marketing*, Vol. 46, No. 1, 1982.

③ 赵保国、刘勇：《我国农村居民消费价值观的维度研究》，《财经问题研究》2013 年第 1 期。

④ 王国猛、黎建新、廖水香：《消费价值观研究评述》，《消费经济》2009 年第 5 期。

⑤ 赵玲：《消费的人本意蕴及价值回归》，《哲学研究》2006 年第 9 期。

值观是对所购买产品或服务特性的偏好①。基于对消费价值观内涵的理解，本研究认为消费价值观可以理解为根植于特定的文化、经济、社会等背景下，是个体对消费关系的一般信念，这种信念是基于个体对消费客体的判断、认知、评价、需求、动机基础上形成的，直接影响个体的消费决策与消费行为。

二　数据说明

研究过程中所涉及的数据主要有以下几种。

一是宏观数据。中国的城镇老龄化水平数据以及城镇居民旅游消费数据等，主要来自国家统计局发布或出版的统计数据，主要包括《中国统计年鉴（1994—2014 年)》、《中国人口统计年鉴（1994—2006 年)》、《中国人口与就业统计年鉴（2007—2014 年)》、《中国旅游统计年鉴（1994—2014)》、国家旅游局《旅游抽样调查资料（1994—2014 年)》，以及相关统计公报等。

二是微观数据。为进一步研究城镇老年人旅游消费行为，本研究主要采用作者本人的调研数据，调查地点在河北省秦皇岛市，调查对象为60岁及以上有过旅游经历的城镇居民，包括在秦皇岛旅游的国内游客和本地居民，调查数据获取分三个阶段：第一阶段是在 2016 年 5 月进行的深度访谈，作者以访谈提纲为指导直接访谈了 10 位老年人，通过访谈深入了解城镇老年群体的旅游消费行为特征，修改问卷的测量题项，提高调查问卷测量结果的准确性。深度访谈内容主要用于第四章、第五章和第六章。第二阶段是 2016 年 5 月底实施完成的预调研，本次调查采用随机抽样方法，共发放 120 份问卷，回收有效问卷 105 份，主要用于第五章初始问卷的提纯和修订。第三阶段是在 2016 年 8 月底 9 月初实施完成的正式问卷调查，本次调查共发放问卷 400 份，回收有效问卷 379 份。其中 60 岁及以上样本 229 个，主要用于第四章、第五章、第六章、第七章；45—59岁（准老年人）样本 150 个，用于第七章与 60 岁及以上老年人样本数据进行比较分析。调研样本来自中国东部、东北部、中部和西部四个区域，来自东部地区的样本数量最多，其次是东北地区。

---

① Allen, M. W., Wilson, M., Ng, S. H., et al., "Values and Beliefs of Vegetarians and Omnivores", *The Journal of Social Psychology*, Vol. 1400, No. 4, 2000.

三　研究方法

探究消费价值观与城镇老年人旅游消费行为关系问题，需要充分认识两者之间的逻辑关系，本研究结合运用规范研究与实证分析、定性研究与定量研究，按照文献研究→构建模型与提出命题→调查问卷收集数据→实证分析→形成结论的研究过程，对相关问题进行研究。研究方法主要采用文献研究法、定性实证分析法、问卷调查法、数理与计量实证分析法。

一是文献研究法。在构建研究模型并提出相关命题之前，对大量文献进行了搜集、解读、分析，为本书的研究奠定了坚实的基础，因此文献研究法尤为重要。为研究消费价值观与城镇老年人旅游消费行为的关系，首先需要掌握消费价值观理论与文献、老龄群体旅游消费行为理论与文献、消费价值观与旅游消费行为相关理论与文献。此外还检索、搜集和掌握人口老龄化、消费经济学、消费行为学、消费社会学、社会心理学等领域与本研究紧密相关的经典理论，为本研究奠定丰富的理论基础。本研究构建的理论模型与命题的提出，都是在大量阅读和梳理相关文献和资料的基础上提出的。对于本研究各变量的测量，均是借鉴已有文献尤其是经典量表的基础上，结合实际调研修正得到的。

二是定性实证分析法。由于旅游情境下对老年人消费价值观研究较少，缺乏可供借鉴统一的理论成果，而国外已有的相关研究，考虑与本土契合性问题，完全照搬其研究成果不能真实反映中国老龄群体旅游者的本质与原貌，因此，本研究采用了阶梯访谈法（访谈提纲见附录B），该方法是一种定性研究方法，通过访谈的形式可以有效了解老年人的旅游消费行为。通过访谈初步探寻旅游情境下老年人的消费价值取向、旅游动机及其旅游消费行为特征，为量表的最终确定提供基础资料。访谈调查按照事先制定的访谈提纲，选择合适的访谈对象，完整记录访谈过程并加以整理，结合访谈结果初步构建城镇老年人消费价值观量表和旅游动机量表。

三是问卷调查法。问卷调查是第四章、第五章、第六章、第七章数据获得的主要方法。本研究的问卷调查分两个阶段进行，包括预调研和正式调研，通过预调研，对城镇老年人消费价值观量表和旅游动机量表进行修订与测试，最终形成正式调查问卷，以此为调查工具进行大规模的正式调研，从而为相关实证研究获取数据。

四是数理与计量实证分析法。分别从宏观角度和微观角度进行实证研究。利用宏观统计数据，采用 VAR 模型对城镇老龄化与国内旅游消费之间的关系进行实证分析，并运用脉冲响应函数和方差分解方法探析城镇老龄化对国内旅游消费的影响。进而依据调查问卷获取的数据，从微观层面进一步深入研究城镇老年人旅游消费行为，首先采用描述性统计分析和单因素方差分析了解城镇老年人旅游消费行为的基本特征。从消费价值观视角，运用多分类 Logistic 回归模型实证分析城镇消费价值观变量和旅游动机变量对城镇老年人旅游消费行为的影响及效应。在此基础上，采用结构方程模型、多群组结构方程模型实证研究消费价值观对城镇老年旅游消费行为的影响机制。

第三节　研究内容与结构安排

一　研究内容

研究城镇老年人消费价值观与旅游消费行为的关系问题，研究的主要内容包括城镇老龄化对国内旅游消费的影响、城镇老年人旅游消费行为特征、消费价值观对城镇老年人旅游消费行为影响的理论框架构建和研究假设的提出与论证、消费价值观对城镇老年人旅游消费行为影响机制模型的构建与验证。具体内容为。

第一，从宏观视角，动态分析城镇老龄化对国内旅游消费的影响与冲击。首先，通过分析城镇老龄化的发展现状与趋势，以及城镇老龄人口国内旅游消费的现状，阐释无论是人口效应还是消费效应，随着城镇老龄化水平的加剧对国内旅游消费影响的重要性；其次，预测城镇老年人口旅游消费水平，对比分析在未来老龄化快速发展的趋势下，城镇老年人口旅游消费的发展趋势；再次，进一步通过实证检验城镇老龄化对国内旅游消费的冲击与影响。通过构建 VAR 模型，利用脉冲响应函数分析国内旅游总花费和国内游客人次对城镇老龄化当期和未来的动态影响轨迹和响应程度，并利用预测方差分解技术分析城镇老龄化水平对国内旅游总花费和国内游客人次影响的解释程度，实证检验城镇老龄化的影响预测效果是否显著。

第二，微观视角分析城镇老年人旅游消费行为的基本特征。采用对城镇老年群体旅游消费的调查数据，从微观视角对城镇老年旅游者包括旅游前、旅游中和旅游后的旅游消费行为的基本特征进行描述与评价，为进一步的机制研究提供基础。

第三，基于消费价值观的视角，对城镇老年人旅游消费行为的影响因素进行探索性研究，是本研究的重点与难点之一。首先，在阐释消费价值观与旅游消费行为关系的研究思路基础上，构建城镇老年人旅游消费行为影响因素的研究框架并提出理论假设；其次，提取与城镇老年人旅游消费行为有关的研究变量。分别对消费价值观变量和旅游动机变量量表进行测试、修改与提纯后，确定消费价值观变量和旅游动机变量的结构组成；最后，实证检验消费价值观、旅游动机因素对旅游消费行为的影响。采用Pearson 相关分析法描述城镇老年人旅游消费行为与消费价值观、旅游动机的相关关系，运用 OLS 回归初步检验城镇老年人旅游消费行为的影响因素，运用多分类 Logistic 回归方法，探讨消费价值观、旅游动机对旅游消费行为的影响及效应。

第四，分析消费价值观、旅游动机与旅游消费行为之间的路径关系，探讨消费价值观对旅游消费行为的作用机制，是本研究的重点与难点之一。首先，构建消费价值观对城镇老年人旅游消费行为的影响机制模型；其次，通过验证性因子分析，实证检验消费价值观量表和旅游动机量表，并通过结构方程模型分析消费价值观对城镇老年人旅游消费行为的影响路径，验证旅游动机对旅游消费行为的中介效应机制。

第五，纵向比较研究城镇老年人和准老年人旅游消费行为。首先，运用量表探究城镇老年人和准老年人在各消费价值观维度上的差异；其次，采用独立样本 T 检验，分析比较城镇老年人和准老年人旅游消费行为的差异；最后，通过多群组结构方程模型分析验证代际对其旅游消费行为机制路径的调节效应，在此基础上，分析比较城镇老年人和准老年人旅游消费行为影响机制路径的差异。

二　结构安排

将消费价值观引入对老龄群体旅游消费行为研究中，透视老年人旅游消费行为的深层次的内在动因，系统探究消费价值观对城镇老年人旅游消费行为的作用机制，这将为更好地解释城镇老年人旅游消费行为特征提供理论依据，并就进一步有效释放老年人旅游消费需求，推动旅游产业转型升级和老龄产业发展进行积极的探索。依照本书的研究框架（图 1 -2），全文共分八章。

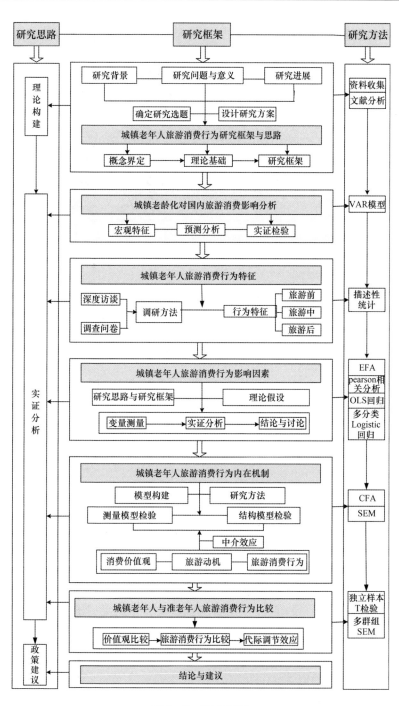

图 1-2　研究框架

　　第一章为本书的导论。介绍本书的选题背景及研究意义，明确研究对象和问题，界定城镇老年旅游者、旅游消费行为和消费价值观等核心概念，介绍研究方法、采用的数据、研究的主要内容和结构安排，以及本书的创新点。

　　第二章为相关理论与文献综述。首先从老龄群体视角回顾年龄分层理论；经济学视角，主要包括消费经济学和行为经济学，行为经济学理论主要从消费函数理论和心理账户理论进行回顾；价值观视角，主要包括吉登斯的结构化理论和手段—目的链理论；旅游动机视角，主要对旅行生涯模式（TCP）理论进行总结与归纳。其次从老龄群体旅游消费研究、消费价值观与旅游消费行为关系三个方面进行文献梳理和评述，在为研究提供思路和方向的基础上，借鉴相关学科研究视角，为接下来的研究提供理论支持和逻辑支撑。

　　第三章为城镇老龄化对国内旅游消费影响分析。从城镇老龄人口发展规模与速度分析城镇老龄化发展状况，从城镇老龄人口的国内旅游人均花费、旅游人次以及旅游总花费分析城镇老龄人口国内旅游消费现状；利用宏观统计数据，预测城镇老年人口旅游消费水平，对比分析未来老龄化快速发展的趋势下，城镇老年人口旅游消费的发展趋势；通过实证分析，进一步检验城镇老龄化对国内旅游消费的影响与冲击。采用 VAR 模型对城镇老龄化与国内旅游消费之间的关系进行实证研究，运用脉冲响应函数和方差分解方法分析并预测城镇老龄化对国内旅游总花费和国内游客人次当期和未来的影响趋势。

　　第四章为城镇老年人旅游消费行为特征。基于问卷调查数据，从旅游前、旅游中、旅游后的动态过程描述与评价城镇老年人旅游消费行为基本特征。

　　第五章为城镇老年人旅游消费行为影响因素。该章主要包括三部分，第一，阐释消费价值观与旅游消费行为关系的研究思路，构建消费价值观、旅游动机对城镇老年人旅游消费行为影响的研究框架，并提出理论假设。第二，对消费价值观变量和旅游动机变量的测量工具进行修订与测试，通过探索性因素分析确定消费价值观和旅游动机的结构组成。第三，运用多分类 Logistic 回归方法实证分析城镇老年人消费价值观、旅游动机对旅游消费行为的影响。

　　第六章为城镇老年人旅游消费行为内在机制。该章主要包括三部分，第一，构建城镇老年人消费价值观对旅游消费行为的影响机制模型。第二，通过结构方程模型实证分析消费价值观、旅游动机与旅游消费行为之间的路径关系，探讨消费价值观对城镇老年旅游消费行为的影响机制，验证旅游动机对其旅游消费行为的中介效应。

第七章为城镇老年人与准老年人旅游消费行为比较。运用量表纵向比较探究城镇老年人和准老年人在各消费价值观维度上的差异；采用独立样本 T 检验，分析比较城镇老年人和准老年人旅游消费行为的差异；通过多群组结构方程模型分析验证代际对其旅游消费行为机制路径的调节效应。

第八章为本书的结论与建议。从宏观视角实证分析了城镇老龄化对国内旅游消费行为的影响趋势与冲击，在此基础上，将研究视角聚焦到微观层面，以城镇老年人旅游消费行为为研究对象，总结其旅游消费行为特征；从消费价值观视角透视城镇老年人旅游消费行为深层次的内在动因以及形成机制；提出相关对策建议，并对本研究的不足以及进一步可能研究的方向进行了说明。

第四节 创新点

本书的创新点主要有以下两点。

一是在研究视角上，近年来老龄群体作为国内外旅游消费需求与行为研究的对象之一，研究视角多以经济学作为主流视角。本书将老年人旅游消费行为研究嵌入中国传统文化和社会变迁的背景，首次从消费价值观视角，透视城镇老年人旅游消费行为内在的深层次动因，挖掘具有中国本土化特色的老年人旅游消费行为问题，望对建立本土化的旅游消费行为研究提供新的思路。

二是在理论构建上，提炼城镇老年人旅游消费行为价值取向的结构维度，构建消费价值观、旅游动机与旅游消费行为的路径机制，为更好地研究中国老年人旅游消费行为进行积极探索。构建旅游动机变量的中介效应机制，验证旅游动机在消费价值观与旅游消费行为之间的中介效应，望对类似消费行为研究提供理论依据。将城镇老年人和准老年人进行纵向比较，探究城镇老年人和准老年人在消费价值观、旅游消费行为上的差异，并分析验证代际对其旅游消费行为机制路径的调节效应，希望对旅游企业针对这一重要的消费群体推进市场供给提供科学依据。

第二章

相关理论与文献综述

从三个部分梳理和总结，第一，对年龄分层理论、消费经济学和行为经济学理论、吉登斯结构化理论、手段—目的链理论、旅游动机理论等相关重要理论进行归纳；第二，对老龄群体旅游消费研究、消费价值观与旅游消费行为关系研究等文献进行梳理与评述；第三，对现有理论、文献进行总结和评述，为开展本研究奠定基础。

第一节　相关基础理论

经济学视角主要在总结了传统消费经济学的基础上，进一步梳理了与心理学融合发展的行为经济学，包括消费函数理论和心理账户理论；价值观视角主要从吉登斯的结构化理论和"手段—目的"链理论进行总结；旅游动机视角则采用了目前最为全面的 TCP 理论；老龄群体视角从人口学的年龄分层理论进行梳理。

一　经济学视角

1. 消费经济学

经济学是对消费和消费者行为研究最早的学科。宏观经济学侧重于研究消费水平、消费结构以及消费指标及其测量等问题。微观经济学传统上遵循"理性人"和"偏好理论"的基本假设，把消费看作消费者理性选择的自主过程，在消费水平和产品价格一定的情况下，消费者通过购买边际效用相同的产品，进而实现效用最大化。而在以旅游消费行为为代表的体验消费中，消费者的决策标准往往不是效用最大化，而是自身的满意程度或者情感满足程度，表现为可能仅凭情感就做出购买决策。因此，随着经济学对消费者行为理论认识的不断深入，传统消费经济学构造消费者行为模型的局限性日益凸显。

2. 行为经济学

鉴于传统经济学中消费者行为理论的诸多局限，充分考量消费者心理因素的行为经济学应运而生。行为经济学将心理学中的行为决策理论（behavioral decision theory）引入经济学，并放弃了传统经济学中"理性人"的假设，注重消费者行为决策过程中的心理活动，同时也注重研究消费决策行为所处于的环境和条件。行为经济学认为消费是收入与心理意愿的函数，将消费者行为研究由收入假说的"物质层面"上升到"心理层面"，由此开辟了消费函数理论研究的新领域①。

"收入决定模式"开了经济学消费者行为理论的先河，认为促成消费发生的环境因素主要是收入。代表性理论有凯恩斯（Keynes）的效用理论和"绝对收入假说"、杜森贝里（Duesenberry）的"相对收入假说"、莫迪利安尼（Mordiglianl）的"生命周期假说"以及弗里德曼（Friedman）的"持久收入假说"。然而，"理性经济人"的假设忽视了非理性等心理因素的影响，消费支出过程中不仅受收入水平的制约，同时还受到消费动机与消费态度的影响。

从心理特征看，通常认为消费者具有有限理性、有限计算能力和有限意志力，他们依靠心理账户进行决策，因而，消费者决策常常与最优跨时配置的理性模式相背离，表现出非理性的行为。心理账户理论是其代表理论，由撒勒（1988）提出，该理论认为，由于心理账户的存在，因而个体在进行消费决策时，往往不会遵循一般的经济运算法则，通常会表现出一定的非理性消费行为。一般而言，个体会根据其自身的"心理账户"对消费决策进行重要性排序，以决定取舍，在此过程中，个体可能会受到情绪、动机、偏好等非理性因素的影响，导致消费决策带有明显的非理性特征。在分析消费者行为过程中，心理账户理论尤其强调心理因素的影响作用，其所描述的个体是"非理性的人"而非"理性的经济人"。运用心理账户理论，可以更好地阐释老龄群体在消费价值观方面所表现出的节俭、谨慎、务实的特征。

---

① 尹清非：《近 20 年来消费函数理论的新发展》，《湘潭大学学报》（哲学社会科学版）2004 年第 1 期。

二　价值观视角

1. 吉登斯的结构化理论

消费行为仅仅从经济学的视角进行理解，是远远不够的，还应该从结构的角度进行理解，即只有纳入消费行为结构（如图 2 - 1），才能更好地把消费价值观与消费行为结合起来。

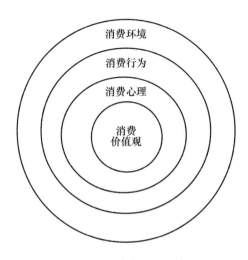

图 2 - 1　消费行为结构

吉登斯①提出的结构化理论认为，结构是指在一定时空下，社会再生产过程中反复涉及的规则和资源。并且，他认为，结构作为记忆痕迹不是外在于个人，相反，而是内在于人的各种实践活动中。同样，消费环境作为制约人的消费价值观和消费行为的外在结构性因素，通常以记忆形式内在于人的消费活动中，影响着消费价值观和消费行为的改变。而消费价值观和消费行为在受到外在消费环境制约的同时，又在影响和建构着消费环境。

根据吉登斯的结构化理论，行为与结构不是彼此分离的，一切社会行为皆包含社会结构，而一切社会结构皆有社会行为的涉入。因此，在广义的消费行为中，由外到内，由浅及深分别表现为消费环境（包括文化、社会、商品环境因素）、狭义的消费行为（在行为场作用下的购买行为）、消

---

① Anthony Giddens, *The Constitution of Society*, Cambridge：Polity Press, 1984.

费心理（包括消费者主体的个性心理特点、动机、知觉、态度等因素以及心理场的存在）和消费价值观。其中，消费环境（一般表现为社会机制）处于最外围的位置，对消费价值观和消费行为起着制约和建构作用，而消费价值观和消费行为在认同消费环境"制约作用"的同时，对消费环境起着建构作用。作为消费行为结构的核心，消费价值观是在对消费环境认同的基础上形成的，通过具体的消费行为建构新的消费环境。消费价值观与消费环境通过消费行为内外沟通、里应外合。消费行为的内在和外在结构、心理场与行为场之间也存在交叉关系，两者互相补充、缺一不可。无论是消费行为的内在结构还是外在结构，都会对消费生活方式产生影响。内部结构比外部结构变化更为缓慢，通常是由于外在结构的变化引发内在结构的变化，而内在结构的变化又会强化和促进外在结构的变化。

　　吉登斯的结构化理论为理解老年人消费价值观的代际传承与代际嬗变，以及消费价值观与旅游消费行为之间的关系提供研究范式和理论启示。

　　2. "手段—目的"链理论

　　"手段—目的"链理论［means-end chain（MEC）theory］源于从心理学角度构建消费者价值观和消费行为关联的研究，由 Gutman[1] 综合了相关理论基础上提出。该理论假定产品及其属性代表着一种手段，通过这一手段消费者获得特定的利益（结果）以达到个人终极目的（价值观）的实现[2]。目标价值链包括属性—结果—价值观三个不同抽象水平的层级衡量[3]。属性指产品本身所固有的特性；结果指产品能给消费者带来所期望的利益，不是终极状态，是消费后导致的抽象层面的状态，可分为功能性结果、心理性结果和社会性结果；价值观是指消费者渴望能达到的终极状态的高度抽象的概括。消费者在价值观的引导下踏上抽象的"阶梯"，这一"阶梯"连接的正是功能性属性与消费者渴望的终极状态。Gutman 把价值观影响消费者行为的作用形容为一条手段目的链，消费者经由产品属性的使用而得到某些结果，接着由结果帮助消费者实现获得某种价值，

　　① Gutman, J., "A means-end Chain Model Based on Consumer Categorization Processes", *Journal of Marketing*, Vol. 46, No. 1, 1982.

　　② Gutman, J., "Means-End Chains as Goal Hierarchies", *Psychology and Marketing*, Vol. 14, No. 6, 1997.

　　③ Klenosky, D. B., Gengler, C., Mulvey, M., "Understanding the Factors Influencing Ski Destination Choice: A Means-End Analytic Approach", *Journal of Leisure Research*, Vol. 25, No. 4, 1993.

三者构成层级结构的手段目的链，即属性—结果—价值观（A-C-V），如图 2 - 2 所示①。

图 2 - 2　手段—目的链模型

"手段—目的"链理论强调的是消费行为由价值观驱动，消费者的价值观最终决定消费行为的选择。McIntosh 和 Thyne② 指出了将"手段—目的"链理论应用于旅游研究的意义和优势，可被运用于理解旅游者行为的微妙性和他们思维中的显著维度③。在研究旅游行为中应用该理论，最大优点在于通过其层级性的结构链连接研究中的各种因素，进而可从旅游者的价值观角度来理解旅游行为④。从市场营销的角度，很多研究者从产品的某种属性切入，通过阶梯访谈法，研究影响产品购买和消费的终极价值观，进而探究价值观与消费行为之间的关联。

消费价值观对城镇老年人旅游消费行为具有至关重要的影响，但消费价值观是抽象的，位于消费者的内心深处，而旅游消费行为是外显的，根据"手段—目的"链理论，本书通过旅游动机将消费价值观与城镇老年人旅游消费行为相联结，为构建消费价值观与城镇老年人旅游消费行为影响机制提供研究范式与理论支撑。

三　旅游动机视角

旅游动机研究的理论主要来源于社会学和社会心理学。Mansfeld⑤ 认

---

　　① 胡洁、张进辅：《基于消费者价值观的手段目标链模型》，《心理科学进展》2008 年第 3 期。

　　② McIntosh, A. J., Thyne, M. A., "Understanding Tourist Behavior Using Means-end Chain Theory", *Annals of Tourism Research*, Vol. 32, No. 1, 2005.

　　③ 曲颖、贾鸿雁：《国内海滨城市旅游目的地推拉动机关系机制研究——"手段—目的"方法的应用》，《旅游科学》2013 年第 4 期。

　　④ McIntosh, A. J., Thyne, M. A., "Understanding Tourist Behavior Using Means-end Chain Theory", *Annals of Tourism Research*, Vol. 32, No. 1, 2005.

　　⑤ Mansfeld, Y., "From Motivation to Actual Travel", *Annals of Tourism Studies*, Vol. 19, No. 3, 1992.

为，完善的旅游动机理论和测量模型可以更好地理解和解释游客选择与旅游行为。Pearce 和 Lee[①] 提出的游客动机旅行生涯模式（Travel Career Pattern，TCP）理论，在西方和东方两种文化背景下实证检验了 TCP 的框架，建立起多种动机因素与游客年龄和先前旅游经历之间的动态关系，是目前旅游动机理论中最为全面的理论[②]。

该理论划分了三个层次的旅游动机，每个层次都包含不同的动机因素。最重要的共同动机（如逃离/放松、加强关系）嵌入在核心层。核心外围的是包括中度重要的旅游动机，这些动机由内在导向的动机（如自我实现）转向了以外部导向的动机（如自然和在当地的参与）。组成外层是共同的、相对稳定、较次要的旅游动机（如怀旧、社会地位）。在旅行生涯模型中，旅行者都受到最重要和最中心的旅游动机的影响，同时也受到较次要的动机影响。不过，随着旅行者旅行生涯的发展，随着社会阅历和旅行经验的丰富，旅游者的中度重要的旅游动机开始由内在导向需求（如自我发展）转向外向的需要（如体验自然与目的地的参与）。TCP 理论对于深化旅游动机理论的研究提供了更有意义的信息和解释，也为探究城镇老年人消费价值观与旅游消费行为的关系提供了理论支持和测量工具的借鉴。

四　老龄群体视角：年龄分层理论

年龄分层理论是由美国学者 M. W. 莱利（Riley）和 A. 福纳（Foner）提出，该理论将社会学创立的角色、地位、规范和社会化概念作为基础，通过分析年龄群体的地位以及年龄在特定社会背景下的含义，来理解老年人的社会地位与老化过程。

年龄分层理论认为，年龄不是一种个人特征，而是一种具有普遍性的标准，是现代社会各方面的动态成分。社会赋予人们的角色与责任，由年龄从一个层次转移到另一个层次而发生变化，这种角色与年龄之间的关系是一种相互关系，而不是函数关系。就社会一般原则而言，社会角色与年龄层次之间存在某些联系，但就个体情况而言，其间的差异性是主要的。

---

① Pearce, P. L., Lee, U. I., "Developing the Travel Career Approach to Tourist Motivation", *Journal of Travel Research*, Vol. 43, No. 3, 2005.

② 李罕梁：《国内游客的出游需求和行为影响机制——基于旅行生涯模式、感知限制、态度和重游意愿的实证研究》，博士学位论文，浙江大学，2015 年。

　　从构成来看，年龄分层理论主要包括四个要素。第一个要素是"同期群"（cohort），是由不同人组成的群体，该群体按照年龄或其他标准划分为若干个年龄层。年龄、经历或观念是构成同期群的三个主要特征：处于同期群的人处于生命过程的同一阶段，拥有共同的历史和社会背景，具有相同的或者近似的价值观或看法。刘铮[1]认为出生同期群的人具有特殊意义，应用最广，有时成为一代人。第二个要素是不同年龄层的能力和责任，不同年龄层所具有的能力有所不同，所承担的社会责任也不同。第三个要素是年龄层的社会形式，通过社会作用表现出来。第四个要素是与年龄层有关的期望，包含在人们对各年龄层人群所扮演角色的反应方式中。

　　年龄分层理论认为不同层级的成员之间的差别不仅体现在生命周期上，其所经历的时期各不相同。生命历程和历史因素可以解释不同队列人群在行为、思维以及社会贡献上存在的差异。该理论认为不同的同期群人群在生命历程中面临的环境存在诸多差异，因此他们的老龄化形式也会有所不同。该理论为纵向比较老年人和准老年人的价值观以及由此导致的消费行为的差异性分析提供了理论基础。

第二节　文献综述

　　基于本书研究的主题，以及第一节从经济学视角、价值观视角、旅游动机视角和老龄化群体视角对理论的回顾与总结，本节将从老龄群体旅游消费、消费价值观以及消费价值观与旅游消费行为关系三个方面进行文献总结与评述。

一　老龄群体旅游消费研究

1. 研究视角

　　从经济学角度，Moscard 等[2]研究了年龄与旅游者之间的关系，探讨了老年人旅游市场的盈利问题与供求关系。Gibson 等[3]基于美国现状，从

---

　　① 刘铮：《人口学辞典》，人民出版社 1986 年版。

　　② Moscard, G., Green, D., "Age and Activity Participation on the Great Barrier Recreation", *Tourism Recreation Research*, Vol. 24, No. 1, 1999.

　　③ Gibson, H. J., "Actives Port Tourism：Who Participates", *Leisure Studies*, Vol. 18, No. 3, 1998.

社会学视角切入，认为性别、种族和社会阶层对老年旅游者存在影响。从市场营销的角度，细分客源市场，老年人市场即是其中之一，Anderson等[1]研究了老年人的旅游行为偏好与动机，通过对不同年龄层进行比较，认为老年人对住宿设施有特殊要求，希望借助旅行社外出旅游，而较少选择自助游。这一时期，国外学者大多是对老年游客的某一行为特征或某一市场特点进行的研究。

基于世代因素的研究视角，世代也是影响旅游发展的一个重要因素[2]。Li等[3]按照美国常用的代际划分——沉默一代、婴儿潮一代、X代、Y代，研究发现：第一，在信息来源上，X代具有比Y代更高的网络信息认知度，而沉默一代则较少利用网络信息，他们更多依赖于专业性建议；第二，由于对历史及目的地的偏好，年长一代的出境次数更多；第三，在目的地评价上，沉默一代和婴儿潮一代更注重交通、住宿、安全以及人们友好性等服务类项目，相比较，X代和Y代则更偏好于饮食的特色性。

2. 人口老龄化与旅游消费

在宏观研究分析中出现了一系列与人口结构相关的趋势变动影响因素。伴随生育率下降、平均预期寿命的延长所导致的人口老龄化现象，Christensen等[4]指出未来年长群体的身体更为健康、受限活动项目更少。应该积极看待老年人比重增多的现象对旅游市场的影响，未来的老年人将拥有更加健康的身体、受过更高层次的教育，他们可以独立自主地承担费用及参与旅游活动[5]。人口老龄化及现代人养生观念的加强，也会促进特定旅游业态的兴起与发展[6]。薛伟玲、陆杰华[7]采用边限协整检验方法对

① Anderson, S., Langmeyer, J., "Travel-related Lifestyle Profiles of Older People", *Journal of Travel Research*, Vol. 27, No. 2, 1982.

② Alegre, J., Pou, L., "Micro-Economic Determinants of the Probability of Tourism Consumption", *Tourism Economics*, Vol. 10, No. 2, 2004.

③ Li, X. P., Li, X., Hudson, S., "The Application of Generational Theory to Tourism Consumer Behavior: An American Perspective", *Tourism Management*, Vol. 37, No. 8, 2013.

④ Christensen, P. K., Dobhammer, P. G., Rau, P. R., Vaupel, P. J. W., "Ageing Populations: The Challenges Ahead", *The Lancet*, Vol. 374, No. 9696, 2009.

⑤ Sagrera, M., *Population Crisis*, Madrid: Editorial Fundamentos, 1995.

⑥ Yeoman, I., Schanzel, H., Smith, K., "A Sclerosis of Demography: How Ageing Populations Lead to the Incremental Decline of New Zealand Tourism", *Journal of Vacation Marketing*, Vol. 19, No. 2, 2013.

⑦ 薛伟玲、陆杰华：《人口老龄化背景下国内旅游业发展前景的实证分析——基于边限协整检验》，《北京社会科学》2014年第9期。

当前中国老龄化和国内旅游产业之间的有机关联进行了实证分析，结果表明，人口老龄化与国内游客总人次变量之间存在长期协整关系。

3. 中老年群体的旅游研究

Shawn 等（2009）通过消费者支出调查（Consumer Expenditure Survey，CES），对美国婴儿潮一代及更年长的老年群体间的休闲旅游消费支出和经济因素进行了比较研究。结果显示，婴儿潮一代的家庭休闲游的参与度更高些。帕德贝格在 2013 年的研究表明，年龄介于 48—66 岁的消费者，即营销学中所称的婴儿潮一代偏好旅游。

从国内的研究情况来看，尚缺乏在老龄化背景下，对中老年人群体旅游的相关研究，特别是基于对中老年群体划分的基础上，研究不同群体的旅游消费研究相对缺乏。

4. 旅游消费行为与影响因素研究

关于老年群体旅游动机的研究是国外学者最早和最为关注的研究领域。Levinson[1] 构建的生命历程研究框架，用于解释人生各阶段的行为规律，在分析老年旅游动机和行为方面得到广泛应用。老龄研究应当设计老年人成长的社会文化框架，老年人对旅游的需求是基于一生的兴趣爱好、生活方式、社会关系、制度环境等形成的综合性需求，而不仅仅由老年阶段决定[2]，成长过程中重要的社会变革以及个人经历能够改变老年人的信念、态度和行为方式[3]，进而影响老年人的旅游行为。因此，老年人旅游行为受生命历程影响，既极具个体多样性，又呈现出显著的性别和代际特征[4]，各群体之间的旅游决策行为存在"代沟"[5]。

在研究老年人旅游动机的同时，大多数学者同时分析了老年人旅游决

---

[1] Levinson, D. J., *The Seasons of A Man Life*, New York: Ballantine Books, 1978.

[2] Nimrod, G., Kleiber, D. A., "Reconsidering Change and Continuity in Later Life: Toward an Innovation Theory of Successful Aging", *The International Journal of Aging and Human Development*, Vol. 65, No. 1, 2007.

[3] Gardiner, S., King, C., Grace, D., "Travel Decision Aking: An Empirical Examination of Generational Values, Attitudes, and Intentiongs", *Journal of Travel Research*, Vol. 52, No. 3, 2013.

[4] Gibson, H., Yiannakis, A., "Tourist Roles: Needs and the Lifecourse", *Annals of Tourism Research*, Vol. 29, No. 2, 2002.

[5] Gardiner, S., King, C., Grace, D., "Travel Decision Aking: An Empirical Examination of Generational Values, Attitudes, and Intentiongs", *Journal of Travel Research*, Vol. 52, No. 3, 2013.

策和行为的影响因素，主要从人口学统计特征角度选取，国外学者还会加入宗教信仰因素。20 世纪 70 年代中期，基于人口统计特征的研究流派开始兴起，相对于态度和价值观，Joseph Banks Group 认为人口统计特征中信息的重要性对于消费者行为的描述或递减。除此之外还有一个研究思路，就是将影响因素分为内因（或是推动因子）和外因（或是拉动因子）两大部分，内因是指个体外出旅游的内在愿望；而外因则是指人们外出旅游的外在吸引力，如旅游目的地的特征等[①]。

国内关于老年旅游消费行为特征及影响因素的研究已经具备了基本统一的认识，从人口特征、心理、行为等视角分析影响因素的研究成果较多，研究显示老年旅游者的年龄、文化程度、收入水平、健康状况、信息获取能力、心理特征等因素与旅游消费行为之间存在明显的影响关系，而性别、目的地资源、旅游地居民态度、目的地形象、退休状况等因素对老年人旅游消费行为未表现出明显的相关性[②]。而从社会文化视角对老年人旅游消费行为背后深层次的心理和社会文化动因进行研究的成果则相对较少。消费理念的形成既是民族文化长期积淀的结果，又是社会现实的直接反映，而在影响个人消费理念的众多因素中，主流价值观则是影响消费理念形成的基本因素，更加积极的消费理念决定了当代及下一代老年人的旅游消费特征[③]。

消费行为深受中国传统文化与社会变迁的影响，由此决定了老年旅游消费行为研究的复杂性。以往运用西方消费理论研究中国老龄群体旅游消费行为时，更多强调的是收入及其他经济变量对消费的影响，而忽视了非经济因素的影响，这在一定程度上影响了消费经济理论对现实的解释力。

①　Dann，G. M. S.，"Anomie，Ego-Enhancement and Tourism"，*Annals of Tourism Research*，Vol. 4，No. 4，1977；Jang，S.，Wu，C. M. E.，"Seniors' Travel Motivation and the Influential Factors：An Examination of Taiwanese Seniors"，*Tourism Managemen*，Vol. 27，No. 2，2006；包亚芳：《基于"推—拉"理论的杭州老年人出游动机研究》，《旅游学刊》2009 年第 11 期；谈志娟、黄震方、吴明敏等：《基于 Probit 模型的老年健康休闲旅游决策影响因素研究——以江苏省为例》，《南京师范大学学报》（自然科学版）2016 年第 1 期。

②　刘睿、李星明：《老年群体旅游心理类型与特征分析》，《旅游论坛》2009 年第 2 期；谈志娟、黄震方、吴明敏等：《基于 Probit 模型的老年健康休闲旅游决策影响因素研究——以江苏省为例》，《南京师范大学学报》（自然科学版）2016 年第 1 期；杨蕾、杜鹏：《智慧旅游背景下的老年群体出游影响路径与帮扶策略研究》，《山东社会科学》2016 年第 6 期。

③　李享、Mark Banning-Taylor、Phoebe Bai Alexander、Cliff Picton：《中国老年人出国旅游需求与制约——基于北京中老年人市场调查》，《旅游学刊》2014 年第 9 期。

旅游消费既是一种经济现象，更是一种复杂的、综合性的社会、心理和文化现象，将中国传统文化和社会变革的环境嵌入对老年人旅游消费行为研究中，结合多学科理论，透视影响旅游消费行为的深层次的价值观动因，更好地解读老年人旅游消费行为的内在机制，探索旅游消费研究的新范式。消费模式的变迁是社会经济转型和多种因素的综合影响，因此，老年旅游消费行为研究应结合多学科理论，从而探索旅游消费研究的新范式。

二　消费价值观研究

消费价值观是形成消费动机、消费选择、消费方式、消费行为等方面的最终决定因素[①]，基于消费价值观的发展与变化，会直接影响个体旅游消费动机、旅游偏好等消费需求。

消费价值观是在价值观基础上发展起来的，20 世纪 70 年代 Scott 提出消费价值观概念，在此基础上，中西方学者从不同学科角度对消费价值观进行了广泛而深入的研究，目前主要集中在社会学、市场营销学、消费行为学等学科，主要关注消费价值观对消费行为的影响。

1. 西方文化背景下的消费价值观研究

从消费需求出发，英国研究者 Park 等[②]，认为消费者在消费过程中有三个基本需要期望得到满足：功能性需要、符号性需要和体验性需要。进而，Park 等认为消费价值观也包括三个与之相对应的结构：功能性价值、象征性价值和体验性价值。Park 等的消费价值观三维理论奠定了对消费价值观进行结构划分的理论基础，在此基础上，通过借鉴该理论思路，后续构建了很多相关结构以及编制了相关的消费价值观量表。

在 Park 等的基础上，Sheth 等[③]提出了消费价值观的五维结构理论，他们认为消费价值观可分为功能性价值、社会性价值、情感性价值、好奇性价值与条件性价值。其中功能性价值、象征性价值和情感性价值与Park 等所区分的基本一致，象征性价值对应社会性价值，体验性价值对

---

① Cretu, A. E., Brodie, R. J., "The Influence of Brand Image and Company Reputation Where Manufactures Market to Small Firms: A Customer Value Perspective", *Industrial Management*, Vol. 36, No. 2, 2007.

② Park, W. C., Jawarski, B., "Strategic Brand Concept Image Managemen", *Journal of Marketing*, Vol. 50, No. 4, 1986.

③ Sheth, J. N., Newman, B. I., Gross, B. L., "Why we buy what we buy: a theory of consumption values", *Journal of Business Research*, Vol. 22, No. 2, 1991.

应情感性价值，并且根据对消费价值观的理解，新增了好奇性价值和条件性价值两个维度。Sheth 等则认为这五个维度表征了消费价值观的五个不同方面，他们彼此独立互不相干，在不同的情境中起着不同的作用。

Smith 等[1]在总结前人研究的基础上，概括性地提出了消费价值观的四维结构理论，将消费价值观分为：功能性价值、享乐性价值、象征性价值和代价性价值。新增了代价性价值，它主要指在消费过程中消费主体对于投入和产出，即通过最小的消费获得最大收益的权衡心理倾向，这是以往研究所没有考虑到的。

除了上述消费价值观的结构理论，一些研究者还对以往理论进行了修订，如 Allen 等[2]通过因素分析法，抽取出消费价值观的四对因子，构成了消费价值观的四维结构理论，分别是实用—形象、熟悉—时尚、名誉—情感和环保—新奇。

通过对上述消费价值观的结构分析表明，多数研究者是从心理学视角对其结构进行研究的，尽管早期和近年对消费价值观结构的区分有较大差异，但也不难发现，后期的相关研究仍以早期的结构划分为基础发展而成。

2. 中国文化背景下的消费价值观研究

中国人消费价值观研究方面，学者对消费价值观的结构研究较少，现有研究可分为两种情况：一种是通过修订和使用国外相对成熟的价值观量表；另一种是采用自编的工具进行数据收集。

赵保国等[3]通过运用 RVS 量表的理论框架，在 Rokeach 提出的基本价值观模型的基础上，自编了农村居民消费价值观测量工具，通过因子分析的结果提取，得出农村居民消费价值观包含"消费价值目标"和"消费价值手段"两个方面。其中消费价值目标又包括经济性目标、象征性目标、体验性目标和情感性目标四个维度；消费价值手段包括超前性手段、谨慎性手段、保守性手段三个维度。这种研究主要以西方已有的价值观理论和消费价值观结构理论为基础。然而，事实上，中国历史与文化发展脉络及特征与西方不尽相同，用西方价值观体系来衡量中国消费者的价值观

---

① Smith, J. B., Colgate, M., "Customer Value Creation: A Practical Framework", *Journal of Marketing Theory and Practice*, Vol. 15, No. 1, 2007.

② Allen, M. W., Wilson, M., Ng, S. H., et al., "Values and Beliefs of Vegetarians and Omnivores", *The Journal of Social Psychology*, Vol. 1400, No. 4, 2000.

③ 赵保国、刘勇：《我国农村居民消费价值观的维度研究》，《财经问题研究》2013 年第 1 期。

未免有些"削足适履"。

少数学者已在华人价值观专项研究领域做了有益的探索,在对相应概念与理论进行了本土化思考的基础上,通过实证研究建构有关中国人消费价值观的理论模型,并进行了生动的描述。刘世雄[①]在中国文化背景下研究并提出消费价值观包括:长期与短期导向、人与宇宙、不确定回避、物质主义、时间导向、集体主义与个人主义、情绪化与情绪中性七个结构维度。潘煜等[②]立足中国文化主位研究视角,开发了中国消费者价值观度量量表(CCVAL),通过定性和定量分析,获得了包括面子形象、中庸之道、实用理性、人情往来、差序关系、独立自主、奋斗进取和权威从众等八个价值观因子,并与西方价值观量表进行比较研究,结果证明 CCVAL量表的解释力度较西方价值观量表更强。

从国内研究者对消费价值观的研究来看,中国研究者除了借鉴和发展了西方文化中消费价值观结构之外,消费价值观研究已经具有了典型的中国文化特征。可见,中西文化差异要求研究者根植于特定文化环境来解释消费价值观。唯有这样才能充分反映中国悠久的历史文化特征,展现当代中国消费者的独有价值风貌。

三　消费价值观与旅游消费行为关系研究

1. 消费价值观与消费行为关系

消费领域对于价值观的研究大多集中在价值观对消费行为的影响。较多学者是认同价值观与消费行为一致性的,并认为价值观对消费行为具有重要的影响力和消费导向作用,价值观为消费行为的发生提供了强大的内在驱动力,是消费行为的最终决定因素[③]。Durgee、O'Connor 和 Veryzer[④]探讨了如何将价值观转变为产品需求,建议首先了解消费者的核心价值

---

① 刘世雄:《从文化价值的角度看消费形态》,《经济管理》2006 年第 7 期。

② 潘煜、高丽、张星等:《中国文化背景下的消费者价值观研究——量表开发与比较》,《管理世界》2014 年第 4 期。

③ David, L., Susan, E. G., "An Integrative Framework for Cross-cultural Consumer Behavior", *International Markering Review*, Vol. 18, No. 1, 2001;胡洁、张进辅:《基于消费者价值观的手段目标链模型》,《心理科学进展》2008 年第 3 期;潘煜:《影响中国消费者行为的三大因素》,上海三联书店 2009 年版。

④ Durgee, J. F., O'Connor, G. C., Veryzer, R. W., "Observations Translating Values Into Productwants", *Journal of Advertising Research*, Vol. 36, No. 6, 1996.

观，然后了解产品选择行为。张梦霞[①]的研究发现，中国传统文化中关于儒道佛的三大主流学说在中国人的价值观体系中扮演着重要的角色，并对消费者的购买行为形成导向作用。然而，很少有研究者从消费价值观视角研究与旅游消费行为之间的逻辑关系。

不同代际的消费者由于成长社会环境的不同而形成了不同的价值观，不同价值观促成了差异化的消费行为[②]。消费需求行为的世代差异是研究的重要内容，但从价值观角度研究消费行为的世代差异的研究并不多。20世纪60年代，美国开始消费者世代研究，得出三个主流世代："成熟世代"、"婴儿潮世代"和"X世代"，在价值观和消费行为方面明显不同[③]。刘世雄等[④]按生活文化环境的不同以及由此产生的价值观的差异，把中国消费者划分为五个世代，概括了各世代消费行为的差异，实证结果表明价值观差异的主效应源于世代的变化，而不是人口统计特征变量。社会事件和人口出生率是"代"形成的重要社会因素，王海忠[⑤]将中国消费者划分为"文革"世代、婴儿潮世代和X世代三个主流世代，三个世代的民族中心主义倾向具有显著差异，X世代支持国产货或民族产业的意识淡薄，消费上表现出的民族性倾向弱。

虽然研究者普遍认为价值观与消费行为之间具有一致性，但由于两者之间的相关性不如预期那样显著，对价值观能否直接预测消费行为仍然存在一定争议[⑥]。消费行为与消费价值观有显著的关联关系，但是相关系数值并不像期待的水平那样高[⑦]。研究者开始考虑寻求中介变量，研究价值观通过中介变量对消费行为的传导作用，或分析调节变量对价值观与行为

---

① 张梦霞：《中国消费者购买行为的文化价值观动因研究》，科学出版社2010年版。

② Hellmut Schütte, Deanna Ciarlante, *Consumer Behavior in Asian*, New York：New York University Press, 1998.

③ Crispell, D., "Where Generations Divide：A Guide", *American Demographics*, Vol. 5, No. 5, 1993.

④ 刘世雄、周志民：《当代消费者的文化价值观与营销启示》，《商业经济文萃》2002年第6期；刘世雄、张宁、梁秋平：《中国消费者文化价值观的代际传承与嬗变——基于中国主流消费群的实证研究》，《深圳大学学报》（人文社会科学版）2010年第6期。

⑤ 王海忠：《中国消费者世代及其民族中心主义轮廓研究》，《管理科学学报》2005年第6期。

⑥ Anat Bardi, Shalom H. Schwartz, "Values and Behavior：Strength and Structure of Relations", *Personality and Social Psychology Bulletin*, Vol. 29, No. 10, 2003；陈莹、郑涌：《价值观与行为的一致性争议》，《心理科学进展》2010年第10期。

⑦ 张梦霞：《"价值观—动机—购买行为倾向"模型的实证研究》，《财经问题研究》2008年第9期。

关系的影响作用，以检验两者之间的作用机制①。

2. 旅游动机与旅游消费行为关系

动机通常被认为是所有行为背后的驱动力量②，因而是研究旅游行为并且理解整个旅游系统的根源所在③。由此可以看出，旅游动机对于研究旅游消费行为是非常核心的问题，激发动机后进而产生旅游行为④。

（1）旅游动机内涵与测量

学界基本认同谢彦君⑤对旅游动机的界定，即旅游动机是产生旅游行动的心理原动力，是旅游行动的驱使力量，它由旅游需要催发，受社会观念和规范标准的影响，直接规定具体旅游行为的内在驱力。旅游动机研究的理论框架主要来源于社会学和社会心理学。马斯洛的需要层级理论对动机问题研究产生了很大影响，许多旅游研究者以马斯洛需要层级理论作为分析架构的基础⑥。马斯洛认为，所有的人类需求都能被归纳到五个层次中，从最基本的生理需求开始，逐步上升到对安全、归属感和关爱、自尊以及自我实现等需求。1982 年 Pearce 运用马斯洛需求层次理论对游客动机和行为进行研究，并提出旅行生涯模式（TCP）概念框架⑦，该理论在旅游研究中比较具有影响力。他通过对东西方不同文化背景进行调查，实证检验了 TCP 理论框架，结果表明两项研究具有非常类似的动机因素。

---

① Brunso, K., Scholderer, J. and Grunert, K. G., "Closing the Gap between Values and Behavior: A Means-end Theory of Lifestyle", *Journal of Business Research*, Vol. 57, No. 6, 2004; Cai, Y., Shannor, R., "Personal Values and Mall Shopping Behavior: The Mediating Role of Attitude and Intention Among Chinese and Thai Consumers", *Australasian Marketing Journal*, Vol. 20, No. 1, 2012.

② Crompton, J. L., "Motivations for Pleasure Vacation", *Annals of Tourism Research*, Vol. 6, No. 4, 1979.

③ Gumm, C. A., *Tourism Planning*, Taylor & Francis, 1988.

④ Hsu, C. H. and S. S. Huang, "Travel Motivation: A Critical Review of the Concept's Development", in A. G. Woodside and D. Martin, eds., *Tourism Management: Analysis, Behaviour and Strategy*, Wallinford: CAB International, 2008.

⑤ 谢彦君：《基础旅游学》，中国旅游出版社1999年版。

⑥ Jang, S. S., Cai, L. A., "Travel Motivations and Destination Choice: A Study of British Outbound Market", *Journal of Travel and Tourism Marketing*, Vol. 13, No. 3, 2002.

⑦ Lee, U., Pearce, P. L., *Travel Motivation and Travel Caree Pattern*, Proceedings of First Asia Pacific Forum for Graduate Students Research in Tourism, 2002; Lee, U., Pearce, P. L., *Travel Career Pattern: Further Conceptual Adjustment of Travel Career Ladder*, Proceedings of Second Asia Pacific Forum for Graduate Students Research in Tourism, 2003; Pearce, P. L., Lee, U. I., "Developing the Travel Career Approach to Tourist Motivation", *Journal of Travel Research*, Vol. 43, No. 3, 2005; Pearce, P. L., *Travel Behaviour: Themes and Conceptual Schemes*, Channel View Books, 2005.

具体来说，两项研究都从 74 个动机指标中得到了 14 个动机因素，分别是新奇、逃离/放松、自我实现、自然、关系、自我提升、浪漫、亲属（归属）、自主性、自我发展（目的地涉入）、怀旧、刺激、隔离、社会认同。该研究更加准确地反映了游客内在的心理特征，有助于更加全面地理解游客的动机因素。

旅游领域中，关于"谁""何时""何地""如何"等问题相对比较容易描述，但是要回答"为什么"这一问题就比较困难[1]。旅游动机研究关注的正是游客"为什么出游"这个问题，主要分为两类：一类是研究特定情境下旅游动机结构，开发相应的旅游动机量表，并予以实证检验。另一类是探讨旅游动机与旅游者行为或行为意向之间的关系。这类研究包括：旅游动机对旅游者行为的直接影响；旅游动机与满意度、重要性感知等概念之间的关系；在不同旅游情境下，构建旅游动机中介效应，探讨其对旅游者行为的影响机制。

旅游动机是研究旅游者行为的关键性变量，但由于旅游者个体心理特征的复杂性，在旅游学术界尚缺乏统一的理论框架，同时缺少有效的测量工具以及普遍适用的研究方法。Pearce[2] 指出由于目标群组、研究重心等的不同，所得出的最重要的动机也具有多样性。因此，他认为从研究旅游动机的不同文献中很难得出一般性的结论，不同的结果也许并不冲突，只是由于研究设计的不同，或者只表明不同文化、不同类型的旅游者有着不同的旅游动机模式。Crompton[3] 认为休闲型度假游客有两类主要动机，分别是社会心理动机和文化动机。他从 39 个非结构化访谈中得出的 9 种动机中，7 种社会心理动机分别是逃离世俗环境、对自我的探索和评价、放松、声誉、回归、亲属关系强化和社会交往；2 种文化动机分别是新奇和教育。Zhang 等[4]分别从推动机因素和拉动机因素两个方面研究了中国大陆游客去中国香港旅游的动机，其中推动机因素主要是知识、地位和促进

① Crompton, J. L., "Motivations for Pleasure Vacation", *Annals of Tourism Research*, Vol. 6, No. 4, 1979.

② Pearce, D. G., Wilson, P. M., "Wildlife-Viewing Tourists in New Zealand", *Journal of Travel Research*, Vol. 34, No. 2, 1995.

③ Crompton, J. L., "Motivations for Pleasure Vacation", *Annals of Tourism Research*, Vol. 6, No. 4, 1979.

④ Zhang Qiu Hanqin, Terry Lam, "An Analysis Mainland Chinese Visitor's Motivations to Visit Hong Kong", *Tourism Management*, Vol. 20, No. 5, 1999.

人的关系，而高技术形象、消费和可进入性则是主要拉动机因素。Samuel
等[1]指出韩国居民参观国家公园的动机因素有与家人一起、学习、欣赏自
然资源、健康、逃避日常生活、冒险、友谊。

国内学者对不同地域或景区、分群体、特定目的旅游活动等类型的旅
游动机维度进行了较为深入的探讨（表2－1）。

（2）旅游动机与旅游消费行为关系

在理论与实证研究方面，旅游动机对旅游消费行为的影响已得到广泛
支持。根据研究视角与作用类型，其影响效应可能包括直接效应和间接效
应。这类文献多见于旅游动机文献，多倾向并实证检验旅游动机与旅游行
为意向、旅游满意度、旅游忠诚度等关系研究[2]。Devesa 等[3]通过对西班
牙乡村游客的旅游动机与满意度之间关系的研究发现，旅游动机对于与其
动机因子相关的满意度具有决定性的影响。Lee（2009）对湿地旅游者的
旅游动机与满意度的关系进行研究，研究结果表明前者直接正向影响后
者。[4]对巴利阿里岛的旅游者的研究显示，气候与海滩动机、环境与住宿
质量动机与旅游者的重游意向存在显著的正向关系。岑成德等[5]探讨了生
态旅游者的旅游动机、顾客参与与购买后行为意向之间的关系，结果表
明：放松身心、增长见识、生态景观和环境的吸引以及当地风土人情的吸
引，这四种旅游动机的重要性与生态旅游者的购买后行为意向显著正相

　　① Samuel Seongseop Kim, Choong Ki Lee, David B. Klenosky, "The Influence of Push and Pull
Facttors at Korean National Parks", *Tourism Management*, Vol. 24, No. 2, 2003.

　　② Lee, Choong-Ki, Lee, Yong-Ki, Wicks, Bruce, E., "Segmentation of Festival Motivation
by Nationality and Satisfaction", *Tourism Managemen*, Vol. 25, No. 1, 2004；Yoon, Y., Uysal, M.,
"An Examination of the Effects of Motivation and Satisfaction on Destination Loyalty：A Structural Mod-
el", *Tourism Management*, Vol. 26, No. 1, 2005；Huang, S., Hsu, C. H. C., "Effects of Travel
Motivation, Past Experience, Perceived Constraint, and Attitude on Revisit Intention", *Journal of Travel
Research*, Vol. 48, No. 1, 2009；毛小岗、宋金平：《旅游动机与旅游者重游意向的关系研究：基
于 logistic 模型》，《人文地理》2011 年第 6 期；苏丽雅：《旅游经验、旅游动机与行为意向的关
系研究——以高校旅游为例》，硕士学位论文，厦门大学，2014 年；范春春：《红色旅游动机、
感知价值及行为意向关系研究——以湖南韶山旅游区为例》，硕士学位论文，湖南师范大学，
2014 年。

　　③ Devesa Maria, Laguna Marta, Andre's Palacios, "The Role of Motivation in Visitor Satisfac-
tion：Empirical Evidence in Rural Tourism", *Tourism Management*, Vol. 4, No. 31, 2010.

　　④ Alegre, J., Cladera, M., "Analysing the Effect of Satisfaction and Previous Visits on Tourist
Intentions to Return", *European Journal of Marketing*, Vol. 43, No. 5, 2009.

　　⑤ 岑成德、钟煜维：《生态旅游者旅游动机、顾客参与和行为意向的关系》，《华南理工大
学学报》（社会科学版）2010 年第 4 期。

表2-1　国内学者关于旅游动机维度的部分研究成果

研究者	情境和群体	维度和项目	维度构成	有效样本	方差贡献率（%）	Cronbach's α 系数
张宏梅等 (2004)	皖江城镇居民	6维16项	新奇、内部社交、地位、外部社交、知识、放松	646	67.1	0.760
刘昌雪 (2005)	古村落	5维18项（推动机）；4维14项（拉动机）	推动机：文化与知识、追求休闲、亲情、声望、新奇与刺激；拉动机：文化旅游资源、鲜明的旅游形象、便利设施与服务质量、消费与娱乐活动	538	61.85/63.67	0.813/0.805
张虹菲等 (2007)	文化旅游	4维24项	工作与学习、自我激励（自我认识）、参观并了解当地文化与艺术、短暂停留	114	58.246	0.766
郑宗清等 (2008)	大学生	5维20项（推动机）；5维20项（拉动机）	推动机：学习型、文化型、交际型、康体型、声望型；拉动机：资源丰富型、形象良好型、特色鲜明型、设施便利型、娱乐多样型	303	59.624/59.616	0.846/0.858
包亚芳 (2009)	杭州老人	3维15项（推动机）；3维17项（拉动机）	推动机：求知和好奇、社交文化、自我提升；拉动机：安全与卫生、设施、习俗与交通、服务与花费	152	59.1/65.8	0.920
岑成德等 (2010)	生态旅游	4维（推动机）；3维（拉动机）	推动机：放松身心、增长见识、专业考察、探险运动；拉动机：生态景观和环境、当地风土人情、游览中的娱乐活动	121		0.612—0.730
王纯阳等 (2013)	大陆居民赴香港	5维23项	求知、声望、购物和娱乐和放松、创新、增强关系	835	66.093	0.774—0.899
郭安禧等 (2013)	厦门	4维11项	娱乐动机、声望动机、休闲动机、文化动机	499	57.983	0.666—0.804
卞显红等 (2016)	农村居民	5维24项	寻求地位与声望、探亲访友、寻求新奇与知识、寻求美食与享受、逃离与放松	1836	54.551	0.927

关。张宏梅、陆林[1]研究发现，旅游动机正向影响旅游涉入，旅游涉入正向影响游客满意度，旅游动机通过旅游涉入的中介作用间接影响游客满意度。王纯阳、屈海林[2]通过构建旅游动机、目的地形象和旅游者期望关系的概念模型，验证了旅游动机直接正向影响旅游者对目的地的认知和旅游者期望，并通过目的地的认知形象对旅游者期望产生间接影响，对旅游者期望的形成过程有更为清楚的认识。

（3）消费价值观、旅游动机与旅游消费行为关系

从价值观、心理动机的角度研究行为倾向成因是消费行为模型中描述的重要因果关系之一[3]。消费价值观是形成动机、态度、偏好的决定因素，动机是连接内在隐性价值观与外在显性产品特征的"桥梁"。据此进一步研究消费价值观、消费动机与消费行为特征之间的关系，既可以揭示动机与价值观对行为的引导和规范作用，也可以透过行为理解消费者的动机以及终极的价值取向。目前，研究者对价值观、购买动机与消费行为两两之间的关系都进行了一定的研究，然而，对于消费价值观、旅游动机与旅游消费行为之间作用关系研究还有待深入研究。

第三节　总结与启示

本章分别从经济学视角、价值观视角、旅游动机视角、老龄化群体视角分别对传统消费经济学和行为经济学理论、吉登斯的结构化理论、"手段—目的"链理论、游客动机旅行生涯模式（TCP）理论、年龄分层理论等相关基础理论进行归纳，并对现有老龄群体旅游消费、消费价值观、消费价值观与旅游消费行为关系研究等文献进行梳理和总结。

第一，从经济学视角、价值观视角、旅游动机视角、老龄化群体视角分别对相关理论进行梳理。经济学是对消费和消费者行为研究最早的学科，传统经济学把消费看作消费者的理性选择，遵循"理性人"和"偏好理论"，实现效用最大化，而行为经济学则充分考量消费者心理因素，

---

[1]　张宏梅、陆林：《皖江城镇居民旅游动机及其人口统计特征的关系》，《旅游科学》2004年第4期。

[2]　王纯阳、屈海林：《旅游动机、目的地形象与旅游者期望》，《旅游学刊》2013年第6期。

[3]　张梦霞：《"价值观—动机—购买行为倾向"模型的实证研究》，《财经问题研究》2008年第9期。

注重消费者心理活动的同时也注重所处环境和条件，将消费者行为研究由"物质层面"上升到"心理层面"的研究。价值观视角主要涉及吉登斯的结构化理论和"手段—目的"链理论，吉登斯的结构化理论认为广义的消费行为中，由外到内，由浅及深分别表现为消费环境、狭义的消费行为、消费心理和消费价值观，其中，消费环境处于最外围的位置，对消费价值观和消费行为起着制约和建构作用，消费价值观是消费行为结构的核心，消费行为在消费价值观和消费环境中起着内外沟通、里应外合的作用，消费价值观和消费行为对消费环境起着建构作用。"手段—目的"链理论则从心理学角度构建消费者价值观和消费行为关联，把价值观影响消费者行为的作用形容为一条手段目的链，包括属性—结果—价值观三个不同抽象水平的层级衡量，由产品属性的使用而得到某些结果，由结果帮助消费者实现获得某种价值。"手段—目的"链理论强调的是消费行为由价值观驱动，最终决定消费行为的选择。吉登斯的结构化理论和"手段—目的"链理论为理解老年人消费价值观的代际传承与代际嬗变，以及消费价值观与旅游消费行为之间的关系提供了研究范式与理论启示。旅游动机视角总结归纳了目前旅游动机理论中最为全面的游客动机旅行生涯模式（TCP）理论，该理论为本书探究城镇老龄化群体消费价值观与旅游消费行为的关联提供了理论支持和测量工具的借鉴。老龄群体视角下对年龄分层理论进行了总结。年龄分层理论认为不同的同期群人群在生命历程中面临的环境存在诸多差异，可以解释不同队列人群在行为、思维以及社会贡献上的差异，该理论为老龄化不同世代的价值观以及由此导致的消费行为的差异性分析提供了理论基础。结合人口学中的年龄分层理论，尝试纵向比较城镇老年人和准老年人旅游消费行为差异。

第二，现有对老龄群体旅游消费研究主要从研究视角、人口老龄化与旅游、中老年群体的旅游研究和旅游消费行为与影响因素研究等方面进行的梳理与归纳。对老龄群体旅游消费研究的视角主要包括经济学、社会学、市场营销学以及世代等视角研究老年人旅游的行为特征或市场特点；而对中老年人群体的旅游研究中，以国外研究为主，国内尚缺乏老龄化背景下，对中年人群体旅游的相关研究，而中年人是潜在的老年人，他们将在未来几年或十几年进入老年期，对这一群体的研究有助于旅游企业对未来老年市场的把握，具有前瞻意义；对旅游消费行为与影响因素研究中，从人口特征、心理、行为等视角分析影响因素的研究成果较多，而从社会文化视角解释老年人旅游消费行为背后的深层次心理和社会文化动因的研究较少。旅游消费既是一种经济现象，更是一种复杂的、综合性的社会、心理和文化现象，本书将老年人旅游消费行为研究嵌入中国传统文化和社会变革的环境之中进行研究，结合多学科理论，透视影响旅游消费行为的深层次的价值观动因，希望能更好地解读老年人旅游消费行为的内在机制。

第三，现有对消费价值观以及消费价值观与旅游消费行为关系研究主要包括对消费价值观研究、消费价值观与消费行为关系研究、旅游动机与旅游消费行为研究、消费价值观、旅游动机与旅游消费行为研究等方面进行的梳理与总结。现有在消费领域对价值观的研究大多集中在价值观对消费行为的影响上，而缺乏对价值观对具体消费行为的研究，尤其很少有从消费价值观视角解释旅游消费行为的逻辑关系的研究，同时考虑价值观对能否直接预测消费行为仍然存在争议，本书将引入旅游动机变量作为中介变量，透视旅游消费行为背后的深层次的内在动因，探究城镇老年人消费价值观对旅游消费行为的路径机制。这对理解、阐释并引导老年人旅游消费行为，并为促进养老服务产业与旅游产业的融合提出建议，具有重要的启示性意义。

第三章

城镇老龄化对国内旅游消费影响分析

中国城镇老龄化水平不断提升，老年群体的旅游消费规模逐年增加，旅游成为老年人提升生活质量的重要消费方式。本章运用宏观统计数据，首先对城镇老年人口旅游消费进行宏观预测，分析老龄化背景下，城镇老年人口旅游消费的发展趋势，然后采用 VAR 模型对城镇老龄化与国内旅游消费之间的关系进行实证分析，通过脉冲响应函数和方差分解方法探析城镇老龄化对国内旅游消费的影响。

第一节　城镇老龄化与国内旅游消费发展状况

在城镇老龄化背景下研究城镇老龄人口旅游消费，首先需要了解城镇老龄化的发展现状和趋势，以及城镇老龄人口国内旅游消费的现状，在此基础上预测城镇老年人口旅游消费趋势，并通过实证分析验证城镇老龄化对国内旅游消费的影响，有助于认识在人口老龄化背景下，对城镇老龄人口旅游消费进行研究的重要性。

一　城镇老龄化发展状况

人口老龄化是指年轻人口比重相对减低，年长人口比重相对增高的人口变动过程。国际社会通常把 60 岁及以上人口比重达到 10% 或 65 岁及以上人口比重达到 7% 作为一个国家或地区进入人口老龄化社会的标准。中国是世界上人口老龄化速度最快的国家之一，2006 年，中国城镇 60 岁及以上老年人口比重达到 10.1%，标志着中国城镇进入老龄社会，2016 年城镇总人口为 7.715 亿，老年人口规模为 1.039 亿，城镇老龄化水平达到 13.5%，城镇老龄化进入快速发展时期。超快的老龄化进程、超大的老年人口规模和超级稳定的老龄社会形态将成为一种社会常态，并成为最重要的人口和社会经济现象之一①。

1. 城镇老龄人口规模庞大

从表 3 - 1 可以发现，1990—2010 年的 20 年间，城镇 60 岁及以上的老年人口总量增长了近 3 倍。随着 1949—1958 年第一次出生高峰人口进入老年，2010—2020 年城镇老龄人口进入第一次增长高峰，年均净增 509 万人，2016 年老年人口数量达到 1.039 亿。在老龄化急速发展阶段（2021—2035 年），老年人口数量从 1.27 亿增至 2.48 亿，在此期间，随着 1962—1976 年第二次出生高峰人口进入老年，老年人口迎来第二个增长高峰，年净增加 864 万人。在老龄化深度发展阶段（2036—2060 年），老年人口数量从 2.539 亿增至 3.458 亿，2055 年老年人口数量达到峰值 3.56 亿，其中，2046—2050 年，随着第三次出生高峰人口进入老年，老年人口迎来第三个增长高峰，年均净增加 382 万。

表 3 - 1　　　　　　　城镇人口年龄结构数量变化情况　　　　　　单位：亿人

年份	少儿人口	劳动年龄人口	60 岁 + 人口	65 岁 + 人口
1990	0.695	2.139	0.255	0.160
1995	0.765	2.487	0.336	0.212
2000	0.865	3.308	0.443	0.295
2005	0.872	4.190	0.555	0.387
2010	0.966	4.964	0.728	0.483
2015	1.231	5.317	0.982	0.625
2020	1.614	5.612	1.237	0.853
2025	1.788	5.714	1.598	1.065
2030	1.719	5.848	2.053	1.388
2035	1.501	6.061	2.480	1.785
2040	1.456	6.074	2.748	2.118
2045	1.581	5.890	3.030	2.314
2050	1.713	5.512	3.430	2.527
2055	1.709	5.337	3.560	2.844
2060	1.592	5.441	3.458	2.926
2065	1.486	5.560	3.314	2.800

数据来源：根据《国家应对人口老龄化战略研究总报告》中方案预测结果编制。

① 原新：《中国如何应对人口老龄化挑战》，《国家治理》2014 年第 21 期。

2. 城镇老龄化进程速度超快

从图 3-1 中可以直观地发现少儿人口比重大幅下滑，1990—2010 年间，少儿人口比重由 22.5% 下降到 14.5%，对老年人口比重相对上升起到了重要推动作用。2010—2020 年间，随着中华人民共和国成立后第一个出生高峰人口相继进入老年期，从此也步入城镇老龄化加速发展阶段。老龄化水平从 2006 年的 10.1% 将增长到 2021 年的 14.8% 之后，进入人口老龄化的急速发展阶段。老年人口比重将由 2022 年的 15.3% 增长到 2035 年的 24.7%，增加 9.4 个百分点，其中，2030 年 60 岁和 65 岁以上老年人口比重将分别超过 21% 和 14%，表明中国城镇全面进入老龄社会。老龄化水平从 2036 年的 25.2% 快速提升到 2047 年的 30% 以上，之后，进入城镇老龄化的深度发展平台期。中国城镇老龄化水平从 10% 提高到 30%，仅用 40 年时间，与全国老龄化速度相似，这个速度在人口大国发展史上史无前例。

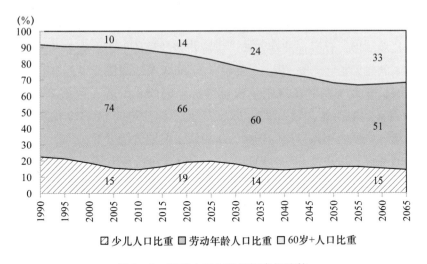

图 3-1　城镇人口年龄结构变化趋势

数据来源：《国家应对人口老龄化战略研究总报告》中方案预测结果。

3. 老龄化社会形态趋于稳定

由于 20 世纪 90 年代以来长期稳定的低生育水平和平均预期寿命的持续延长，结束了人口年龄结构的急剧变化状态，人口老龄化进入了相对稳定的阶段。到 21 世纪中叶，是重度人口老龄化平台阶段。据预测，在此阶段，城镇老年人口数量将保持在 3.1 亿—3.5 亿，少儿人口、劳动年龄人口和老年人口比重分别稳定在 1/6、1/2 和 1/3 上下。人口老龄化水平高并趋于稳定将成为一种常态。

二　城镇老龄人口国内旅游消费现状

伴随人口老龄化比重的加速提高，老龄人口在消费群体中的重要角色日渐凸显，无论是经济收入还是养老方式都与过去有所不同[①]。根据第四次中国城乡老年人生活状况抽样调查，中国老龄人口消费结构已经出现从生存型向文化休闲型的初步转变，消费需求层次在逐步提高，自我消费补偿诉求强化[②]。旅游消费已经成为老年人提升生活质量的重要消费方式。中消协发布的调查报告显示，老年人愿意拿出全年收入的 15% 去旅游[③]。

从现有宏观统计数据来看，如图 3-2 所示，1996—2013 年，城镇老年人口国内旅游总花费从 74.21 亿元增长到 984.33 亿元，国内旅游人均花费从 481.4 元增长到 608.5 元，年均增长率分别为 16%、1.5%，国内旅游总花费增长较快，表现为持续增长趋势，相对而言，国内旅游人均花费增长较缓慢，且呈现波动态势。旅游花费的增长主要由旅游人次数增加而带来的规模扩张，如图 3-3 所示，近 20 年来，城镇老年人口国内旅游人次增长速度快，增长规模呈现持续扩张趋势，出游人数由 1996 年的 1600 万人次增长到 2013 年的 1.62 亿人次，不到 20 年增长 10 倍多。2008 年之前，城镇老年人口国内旅游人次经历了前期的缓慢增长后，呈现快速增长的态势，2008 年仅为 4400 万人次，2009 年已突破亿人次，城镇老年人口国内旅游人次迅速增加到 1.02 亿人次。受人口惯性规律的作用，随着 1949—1958 年第一次出生高峰人口进入老年，2009 年中国老年人口开始进入第一次增长高峰，老年人口数量快速增长。此外，城镇老年人口有较宽裕的闲暇时间以及自我消费补偿心理诉求强化，这些因素的综合叠加促使城镇老年人口选择参与旅游活动的意愿越来越强，其旅游消费行为越来越活跃。

①　杜鹏、武超：《1994—2004 年中国老年人主要生活来源的变化》，《人口研究》2006 年第 2 期。

②　金晓彤、张晓路：《我国老龄消费的新特征及促进对策》，《经济纵横》2013 年第 4 期。

③　人民日报：《老人出去玩，有了啥变化》，http://paper.people.com.cn/rmrb/html/2016-11/24/nw.D110000renmrb_20161124_1-09.htm，2016 年 11 月 24 日。

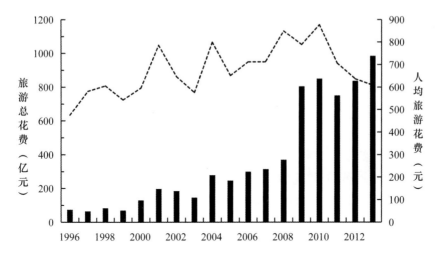

图3-2 城镇老年人口人均旅游花费与总花费（1996—2013）

数据来源：国家旅游局《旅游抽样调查资料（1996—2014）》。

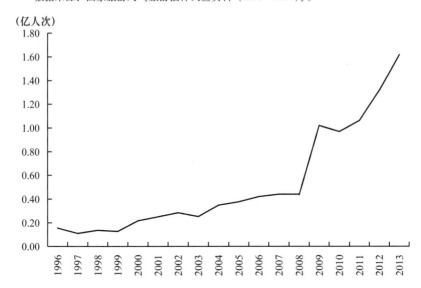

图3-3 城镇老年人口历年旅游总人次数（1996—2013）

数据来源：国家旅游局《旅游抽样调查资料（1996—2014）》。

在老年人消费水平一定的情况下，老年人口规模及其增长将影响老年人的消费总需求及其增长。那么，未来几十年，假设老年旅游者人均旅游消费水平一定的情况下，在具备出游意愿和闲暇时间的基本前提下，随着城镇老龄化人口发展规模与速度的持续增长，势必会带动城镇老年人口出游规模呈现持续扩张的趋势，从而有效拉动旅游业整体消费水平。第二节将通过预测城镇老年人口旅游消费水平，分析未来老龄化加速发展背景下，城镇老年人口旅游消费的发展趋势。

第二节　城镇老年人口旅游消费趋势预测

人口老龄化将贯穿 21 世纪中国发展的全过程，中国曾经历过 50 年代、60 年代初到 70 年代中、80 年代三次生育高峰期，孕育了巨大的人口正增长惯性，未来 40 多年内将形成三次老年人口增长高峰，第一个出生高峰的人口于 2010 年开始陆续进入老年阶段，带来老龄化快速发展，第二个出生高峰的人口将于 2022 年开始进入老年阶段，并与第一次出生高峰人口重合推动老龄化急速发展，第三个出生高峰的人口将于 21 世纪 40 年代中后期进入老年阶段后推动老龄化进入高峰平台阶段。人口老龄化呈现上升趋势且难以逆转，成为影响经济社会发展的关键因素。人口老龄化背景下旅游消费市场的发展必然要建立在对人口发展规律的充分了解以及科学把握人口与经济互动发展的基础上。那么，未来随着老龄化趋势的加速扩大，将会对老年旅游消费市场带来怎样的影响，老年旅游消费的趋势将会怎样？本节将通过对老年旅游消费水平的预测，对比分析在未来老龄化快速发展的趋势下，城镇老年人口旅游消费的发展趋势。

本节预测未来城镇老年人口旅游消费的选取指标为：城镇老年人旅游总人次数和旅游总花费。城镇老年人口旅游消费现状数据取自国家旅游局《旅游抽样调查资料》。对未来城镇老年人口比重的预测采用国家应对人口老龄化战略研究总课题组《国家应对人口老龄化战略研究总报告》的结果。

假定城镇老年人口旅游人均花费保持不变，以 2013 年为预测基准年份，大致估算 2014—2030 年期间城镇老年人口旅游总人次和旅游总花费的增长情况，共设计了两套方案：方案一以 1996—2013 年数据为基准，方案二是从人口惯性的既定因素考虑，2009 年开始第一个出生高峰的人口开始陆续进入老年阶段，并带来老龄化的快速发展，反映到旅游消费领域，从现有数据看城镇老年人口从 2009 年开始的旅游消费水平有较大提高，因此，方案二以 2009—2013 年数据为基准，分别进行情景模拟，模拟得到的基准情景下 2014—2030 年城镇老年人口旅游消费指标变动情况如表 3-2 和图 3-4、图 3-5 所示。

表3-2　　　　　　城镇老年人口旅游消费增长预测

年份	旅游总人次（亿人次）		旅游总花费（亿元）	
	方案一	方案二	方案一	方案二
2014	1.86	1.82	1145.96	1035.12
2015	2.13	2.04	1334.12	1088.53
2016	2.44	2.29	1553.19	1144.70
2017	2.79	2.57	1808.22	1203.77
2018	3.20	2.88	2105.13	1265.88
2019	3.67	3.23	2450.79	1331.20
2020	4.20	3.63	2853.21	1399.89
2021	4.82	4.07	3321.71	1472.13
2022	5.52	4.57	3867.13	1548.09
2023	6.32	5.13	4502.12	1627.97
2024	7.25	5.75	5241.36	1711.97
2025	8.30	6.45	6102.00	1800.31
2026	9.52	7.24	7103.94	1893.21
2027	10.90	8.13	8270.41	1990.90
2028	12.49	9.12	9628.41	2093.63
2029	14.32	10.23	11209.40	2201.66
2030	16.41	11.48	13049.98	2315.26

注：方案一：旅游总人次年平均增长率14.59%，旅游总花费年平均增长率16.42%；方案二：旅游总人次年平均增长率12.21%，旅游总花费年平均增长率5.16%。

根据上述两个方案的预测结果，城镇老年人口比重与城镇老年人口旅游总人次和旅游总花费存在明显的相同增长趋势。受人口惯性规律的作用，随着1949—1958年第一次出生高峰人口进入老年，2009—2018年中国城镇老年人口进入第一次增长高峰，到2018年城镇老年人口的旅游总人次将可能比2013年增加0.77倍到0.97倍，旅游总花费可能增加0.29倍到1.14倍。2022年开始，随着1962—1975年第二次出生高峰人口进入老年，老年人口将迎来第二个增长高峰，并与第一次出生高峰人口重合推动老龄化急速发展，到2030年城镇老年人口旅游总人次将增加6.09倍到

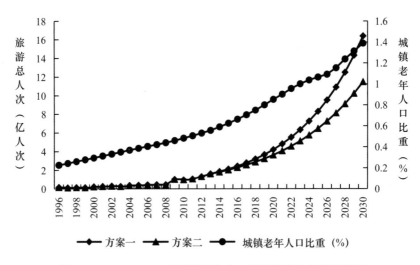

图 3-4　2014—2030 年城镇老年人口国内游总人次增长预测

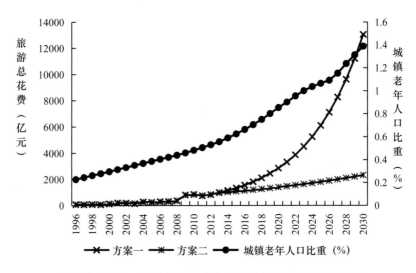

图 3-5　2014—2030 年城镇老年人口国内游总花费增长预测

9.13 倍，旅游总花费可能增加 1.35 倍到 12.26 倍。未来十五年是中国老龄化迅速增长时期，从预测结果看，在老年旅游者人均花费一定的情况下，随着城镇老龄化水平的持续增长，可能会有效拉动城镇老年人口的整体旅游消费水平。这将是一个庞大的旅游消费群体，而其中蕴含的消费需求不可估量，将为旅游产业发展提供重要机遇。

第三节　城镇老龄化对国内旅游
消费影响实证分析

第二节通过预测城镇老年人口旅游消费水平，分析了未来老龄化加速发展背景下，城镇老年人口旅游消费的发展趋势。本节将进一步从动态趋势的角度，对城镇老龄化与国内旅游消费之间的关系进行实证分析，验证城镇老龄化对未来旅游消费产生的影响与冲击，以及影响和冲击的程度。

一　模型、变量与数据

1. 模型说明

非结构建模的向量自回归（VAR）模型采用多方程联立的形式，内生变量在模型的每一个方程中对模型的全部内生变量的滞后值进行回归，将单变量自回归模型推广到由多元时间序列变量组成的向量自回归模型，进而估计全部内生变量的动态关系。因此，VAR 模型能提供丰富的结构，可以捕捉到数据的特征，在预测方面比传统的结构模型更准确，可为动态研究变量之间的关系提供很好的思路。VAR 模型的一般数学表达式为：

$$Y_t = \alpha + \sum_{i=1}^{p} A_i Y_{t-i} + \sum_{j=1}^{r} B_j X_{t-j} + \varepsilon_t$$

其中，Y_t 是 n 维内生变量向量；X_t 是 m 维外生变量向量；p 和 r 分别为内生变量和外生变量的滞后阶数，一般可根据 AIC、SC 准则和 LR 检验来确定；A_i（$i = 1, 2, \cdots, p$）和 B_j（$j = 1, 2, \cdots, r$）分别为待估计的参数矩阵；ε_t 为随机扰动向量，且满足 $\mathrm{Cov}\ (\varepsilon_t,\ \varepsilon_s)\ = 0\ (t \neq s)$。

2. 变量与数据

旅游花费和游客人次是衡量旅游消费的重要指标，也是旅游统计的重点统计内容，因此本节采用国内旅游总花费（TH）（已通过旅游消费价格指数换算为实际值，上年 = 100）和国内游客人次（TC）来衡量国内旅游消费水平。用 65 岁及以上城镇老年人口占城镇总人口的比重（PO）作为衡量城镇老龄化水平的变量（该变量依据全国 65 岁及以上人口数量、城镇总人口、城镇人口比重换算得出）。

本节数据来源于《中国统计年鉴》《中国人口统计年鉴》《中国人口和就业统计年鉴》《中国旅游统计年鉴》，样本均取自 1994—2013 年度数据。

考虑到对时间序列数据取对数后减少数据波动和异方差的存在，本节在实际分析时采用各变量的对数值，分别用 *LTH*、*LTC*、*LPO* 表示自然对数的国内旅游总花费、自然对数的国内游客人次、自然对数的城镇老龄化水平。

二　变量稳健性检验

变量的平稳性是 VAR 模型估计的基础，构建无约束的 VAR 模型的前提条件是变量为平稳的时间序列。本节运用 Stata 12.0 软件分别对序列 *LTH*、*LTC*、*LPO* 采用 ADF 单位根检验法来检验时间序列数据的平稳水平，结果如表 3 - 3 所示：*LTH*、*LTC*、*LPO* 时间序列在 5% 的显著水平上均是非平稳序列；对其进行一阶差分后进行 ADF 检验，结果表明这三个序列在 5% 的显著水平上，序列是平稳的。因此，可以判断这三个序列均是一阶单整 I（1），可以建立 VAR 模型[1]。

表 3 - 3　　　　　　　　　时间序列的单位根检验结果

变量	检验类型 （c，t，k）	ADF 统计量	ADF 临界值 （5%）	结论
LTH	（c，t，7）	2.636	-3.000	非平稳
LTC	（c，t，7）	-0.977	-3.000	非平稳
LPO	（c，t，7）	0.546	-3.000	非平稳
ΔLTH	（c，t，6）	-4.644	-3.000	平稳
ΔLTC	（c，t，6）	-4.427	-3.000	平稳
ΔLPO	（c，t，6）	-7.151	-3.000	平稳

注：检验类型（c，t，k）分别表示单位根检验中是否含有常数项、趋势项和滞后阶数；滞后阶数按 AIC 最小准则；△表示对序列进行一阶差分。

三　VAR 模型构建

为分析城镇老龄化水平对国内旅游总花费与国内游客人次的动态影响效应，采用三个变量的数据建立两个 VAR 模型，分别是城镇老龄化水平与国内旅游总花费的 VAR 模型 I 和城镇老龄化水平与国内游客人次的 VAR 模型 II。建立 VAR 模型的关键是正确地确定滞后阶数 *p*，在 VAR 模

---

[1]　张晓峒：《应用数量经济学》，机械工业出版社 2014 年版。

型中，最常用的检验统计量有似然比 LR、最终预测误差 FPE、AIC 信息准则、SBIC 信息准则、HQIC 信息准则。在 VAR 模型中，滞后期和自由度是相关联的，滞后期越大，待估参数越多，自由度越少。因此，通过 AIC 信息准则、SBIC 信息准则、HQIC 信息准则来判断滞后期的选择。

　　本节运用 Stata 12.0 软件可以得到各准则的检验结果，结果如表 3 - 4 所示：给出了 0—4 阶 VAR 模型的 LL、LR、FPE、AIC、HQIC 和 SBIC 值，每一列信息准则均支持模型的滞后阶数为 1，这表明为分析城镇老龄化水平与国内旅游总花费的关系以及城镇老龄化水平与国内游客人次的关系，应建立滞后阶数为 1 的 VAR 模型［以下用 VAR（1）表示］。

表 3 - 4　　　　　　　　　　　　　最大滞后阶数检验统计量

Lag	LL	LR	FPE	AIC	HQIC	SBIC
0	27.7662 (32.8062)	NA (NA)	0.000137 (0.000073)	-3.22077 (-3.85078)	-3.21583 (-3.84583)	-3.1242 (-3.7542)
1	73.2321 (81.5656)	90.932* (97.519)	7.7e-07* (2.7e-07*)	-8.40401* (-9.44569*)	-8.38917* (-9.43086*)	-8.11429* (-9.15597*)
2	74.32 (82.8359)	2.1759 (2.5407)	1.2e-06 (4.0e-07)	-8.04001 (-9.10449)	-8.01528 (-9.07976)	-7.55714 (-8.62162)
3	75.3824 (84.6428)	2.1247 (3.6138)	1.8e-06 (5.7e-07)	-7.6728 (-8.83035)	-7.63818 (-8.79573)	-6.99678 (-8.15434)
4	79.4809 (92.7612)	8.1971 (16.237*)	2.1e-06 (4.0e-07)	-7.68512 (-9.34515)	-7.64061 (-9.30064)	-6.81596 (-8.47599)

　　注：表 3 - 4 为 VAR 模型Ⅰ和模型Ⅱ的检验统计量，表中括号里的数值为 VAR 模型Ⅱ的检验统计量；"NA"为没有相应项；统计量上标 * 表示依据准则选择出来的滞后阶数。

　　进一步对建立的 VAR 模型进行稳定性检验，所设定的 VAR 模型所有根模的倒数都小于 1，即位于单位圆内，说明 VAR 模型稳定且整体拟合度较高，保证了脉冲响应分析的有效性。经检验残差序列无自相关，并经 White 异方差检验显示不存在异方差，且服从正态分布，结果进一步表明 VAR 模型的有效性，可以进一步进行脉冲响应分析[①]。

---

① 陈强：《高级计量经济学及 Stata 应用（第二版）》，高等教育出版社 2014 年版。

四　实证结果及分析

1. 脉冲响应分析

为了研究城镇老龄化对旅游消费水平的动态影响关系，需要在已建立的 VAR 模型的基础上利用脉冲响应函数来分析两者之间的冲击影响程度。脉冲响应函数是用时间序列模型来分析影响关系的一种思路，用于衡量来自新息的一个标准差冲击对变量当前和未来的影响轨迹，并通过 VAR 模型的动态结构传导给其他所有内生变量，能够比较直观地刻画出变量之间的动态交互作用及其效应。本节采用 Cholesky 分解方法，利用已建立的 VAR 模型，分别给 LTH、LTC 一个标准差冲击，得到正交化的脉冲响应函数，将冲击响应期设为 20 期，考虑在未来 20 期内国内旅游总花费和国内游客人次分别对城镇老龄化水平的动态响应轨迹。响应结果如图 3－6、图 3－7 所示。在图 3－6 中，横轴表示冲击作用的滞后期数，纵轴表示国内旅游总花费对城镇老龄化的响应程度，实线表示脉冲响应函数，阴影表示正负两倍标准差偏离带。在图 3－7 中，横轴表示同图 3－6，纵轴表示国内游客人次对城镇老龄化的响应程度，实线表示脉冲响应函数，阴影表示正负两倍标准差偏离带。

首先，分析国内旅游总花费对城镇老龄化的响应情况和响应路径，由图 3－6 可以看出，国内旅游总花费对城镇老龄化的一个标准差新息的冲击不管是在短期还是长期都有正向响应，短期冲击明显，未来长期趋于稳步提高。具体的响应轨迹是：随着城镇老龄化的提高在开始阶段就对国内旅游总花费产生了正向的冲击：城镇老龄化提高 1 个百分点，国内旅游总花费大约增加 0.029 个百分点。此后，冲击力度逐年稳步增强，对国内旅游总花费的增长保持持续的正向拉动效应，这种拉动效应比较稳定，而且正向效应持续的时间也更长。进一步观察追踪期间的城镇老龄化对国内旅游总花费增长的累积效应①。可以看到，在第 5 期、第 10 期和第 20 期的累积效应影响分别为 0.162、0.349 和 0.805。这表明，城镇老龄化提高 1 个百分点，将导致国内旅游总花费分别在第 5 期、第 10 期和第 20 期累积提高 0.162、0.349 和 0.805 个百分点。从以上的分析可以得到这样的结

---

① 万克德、宋廷山、郭思亮：《山东省人口老龄化对城镇居民消费需求的影响——基于六普数据的分析》，《中国人口科学》2013 年第 4 期。

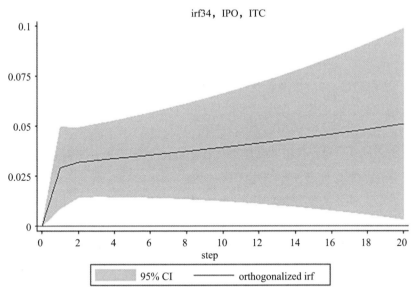

图 3-6　国内旅游总花费对城镇老龄化冲击的动态响应

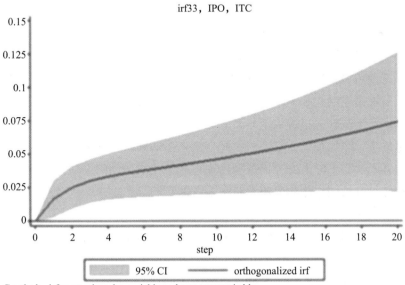

图 3-7　国内游客人次对城镇老龄化冲击的动态响应

论：城镇老龄化的加速在整个考察期内对国内旅游总花费的增长有正向影响①，从未来长期看，这种影响有稳定增长趋势。

其次，考察国内游客人次对城镇老龄化变量的标准差新息的响应情况和响应路径。从图3-7可以看出，国内游客人次对于城镇老龄化增长的脉冲响应模式与国内旅游总花费对于城镇老龄化增长的脉冲响应模式上都趋于稳定的正向响应，但在脉冲响应的时间轨迹和冲击力度上存在差异。在第1期，国内游客人次对来自城镇老龄化的一个正冲击立即有正向影响，大小约为0.017，也即城镇老龄化提高1个百分点，国内游客人次将提高0.017个百分点，影响小于国内旅游总花费对城镇老龄化冲击的反应。此后，冲击力度逐年稳步增强，对国内游客人次的增长保持持续的正向拉动效应，这种拉动效应比较稳定，而且正向效应持续的时间也更长。通过分析观察期的累积效应，发现城镇老龄化对于国内游客人次在第5期、第10期和第20期的累积效应影响分别为0.140、0.349和0.954。这表明，城镇老龄化提高1个百分点，将导致国内游客人次分别在第5期、第10期和第20期累积提高0.140、0.349和0.954个百分点。与城镇老龄化对国内旅游总花费的累积效应比较，城镇老龄化对国内游客人次的影响在前10期比较小，事实上，受"三年困难"时期出生队列影响，2019—2022年人口老龄化发展速度有所放缓，可能对游客人次的增加有所影响。但从第11期以后累积效应逐年比对国内旅游总花费的累积效应大，这说明城镇老龄化与国内游客人次之间存在显著的长期稳定的正向关系，但城镇老龄化和国内旅游总花费之间的长期关系并不显著。这期间，第二次出生高峰人口进入老年，老年人口迎来第二个增长高峰，老年人口增速最快，净增加1.2亿人，由此，未来伴随人口老龄化比重的增加，国内游客人次将不断上升。而这种由人口老龄化所拉动的国内游客人次的上升却并没有给国内旅游总花费带来显著的影响。

2. 方差分解

下面利用预测方差分解技术来分析城镇老龄化对国内旅游消费水平的相对贡献率。与脉冲响应分析不同，预测误差方差分解技术可将系统的预测均方误差分解成系统中各变量冲击所作的贡献。因此，方差分解给出的

① 张丽峰：《我国人口结构对旅游消费的动态影响研究》，《干旱区资源与环境》2015年第3期。

是每一随机新息对 VAR 模型影响的相对重要性。比较这个相对重要性新息随时间的变化，可以估计出该变量的作用时滞和相对效应的大小①。本节将通过方差分解分析城镇老龄化对国内旅游消费水平的解释程度，方差分解结果见表 3 – 5。

表 3 – 5　　　　　　国内旅游总花费和国内游客人次的方差分解

预测期	LTH 的方差分解		LTC 的方差分解	
	LTH	LPO	LTC	LPO
1	1	0	1	0
2	0.929705	0.070295	0.943196	0.056804
3	0.884197	0.115803	0.846132	0.153868
4	0.855223	0.144777	0.742803	0.257197
5	0.835360	0.164640	0.649552	0.350448
6	0.820923	0.179077	0.570362	0.429638
7	0.809969	0.190031	0.504356	0.495644
8	0.801385	0.198615	0.449420	0.55058
9	0.794484	0.205516	0.403461	0.596539
10	0.788822	0.211178	0.364724	0.635276
11	0.784100	0.215900	0.331820	0.668180
12	0.780106	0.219894	0.303663	0.696337
13	0.776688	0.223312	0.279409	0.720591
14	0.773733	0.226267	0.258391	0.741609
15	0.771157	0.228843	0.240082	0.759918
16	0.768894	0.231106	0.22406	0.775940
17	0.766893	0.233107	0.209981	0.790019
18	0.765113	0.234887	0.197566	0.802434
19	0.763521	0.236479	0.186584	0.813416
20	0.762091	0.237909	0.176842	0.823158

---

①　王森：《中国人口老龄化与居民消费之间关系的实证分析——基于 1978—2007 年的数据》，《西北人口》2010 年第 1 期。

对国内旅游总花费的方差分解结果表明，国内旅游总花费的变动主要是受自身冲击的影响。在第 1 期达到 92.97%，随后有随时间下降的趋势，但下降幅度并不大，第 20 期也在 76% 左右。而来自城镇老龄化的冲击对国内旅游总花费变动的贡献率在第 2 期仅为 7.03%，也即国内旅游总花费的预测方差的 7.03% 由城镇老龄化的变动来解释。这说明城镇老龄化的变动在初期对国内旅游总花费的影响并不显著，这种影响将随时间推移逐渐增大，在第 20 期达到 23.79%。由以上分析可以看出，国内旅游总花费的变动主要由其自身的变动来解释，但城镇老龄化的变动对其变动存在一定的影响。

从表 3 - 5 可以看出，城镇老龄化对国内游客人次波动的冲击（即对预测误差的贡献）开始不明显，第 2 期仅为 5.68%，但此后逐年上升，第 8 期相对贡献率已达到 55.06%。这表明，从未来长期趋势来看，城镇老龄化对国内游客人次变动的影响较大，从第 18 期开始，它对国内游客人次变动的解释已达到 80%，与城镇老龄化对国内旅游总花费变动影响相比较，其影响程度明显要大很多，这与前面的脉冲响应分析的结果相一致。

五　结论及启示

本书利用 1994—2013 年全国的时间序列数据，建立了城镇老龄化与国内旅游总花费和国内游客人次之间的 VAR 模型，利用脉冲响应分析和方差分解分析预测城镇老龄化与国内旅游消费的动态响应关系，主要研究结论总结如下。

第一，国内旅游总花费对于城镇老龄化增长的脉冲响应模式与国内游客人次对于城镇老龄化增长的脉冲响应模式上都趋于稳定的正向响应，但在脉冲响应的时间轨迹和冲击力度上存在差异。与城镇老龄化对国内旅游总花费的累积效应比较，城镇老龄化对国内游客人次的影响在未来 10 期比较小，但从第 11 期以后累积效应逐年比对国内旅游总花费的累积效应大，这说明城镇老龄化与国内游客人次之间存在显著的长期稳定的正向关系，但城镇老龄化和国内旅游总花费之间的未来长期关系并不显著。

第二，在方差分解中，国内旅游总花费的变动主要由其自身的变动来解释，但城镇老龄化的变动在初期对国内旅游总花费的贡献并不显著，这种影响将随时间推移逐渐增大。而城镇老龄化对国内游客人次波动的冲击在第 2 期仅为 5.68%，但此后将逐年上升，第 8 期相对贡献率已达到 55.06%。与城镇老龄化对国内旅游总花费变动影响相比较，其未来的影响程度更显著，这与脉冲响应分析的结果是一致的。

上述实证分析预测表明，无论是短期还是长期，城镇老龄化对国内旅游消费存在影响，并且从长期趋势看，随着城镇老龄化程度的加剧，这种冲击对国内旅游人次的影响较旅游花费效果更显著。

一方面，人口效应对旅游消费群体规模构成冲击。在老年人口绝对和相对规模较小的条件下，老年人的经济特征和行为不会给宏观经济带来明显的影响，只有在老年人口绝对规模和相对规模较大并且迅速增长的条件下，才会产生实质性的影响，并且随着这一人口现象的发展，其影响也就更直接、更强烈、更广泛[1]。未来 10—20 年，随着中华人民共和国成立后第一个出生高峰人口以及 60 年代后第二个出生高峰人口相继进入老年期，中国将由快速人口老龄化阶段进入急速老龄化阶段，快速的人口老龄化进程和超大的老年人口规模从人口效应角度解释了城镇老龄化对旅游消费规模的长期趋势影响。

另一方面，消费效应构成对旅游消费的影响。超过 40% 的城市老年人具有一定的经济实力，42.8% 的老年人拥有存款，每年的离退休金、再就业收入、子女资助等各种资金合计可达 3000 亿—4000 亿元[2]。随着老年人口收入来源的多样化以及收入总额的增加，老年人口的消费支出必将大幅攀升。根据第四次中国城乡老年人生活状况抽样调查，2014 年，中国老年人人均消费支出为 14764 元，消费总量已经突破 3 万亿元。据预测，2014 年到 2050 年中国老年人的消费潜力将从 4 万亿左右增至 106 万亿。老年人消费结构已经出现从生存型向文化休闲型的初步转变，旅游成为老年人提升生活质量的重要消费方式，随着老年人收入水平的提高，势必会对旅游消费需求产生影响。

实际上，近年来，老年人口规模不断扩大的同时，老年人内部的代际更替非常明显，老年人群体的内部结构发生了很大变化，老年人口的代际效应也会对旅游消费产生影响。据测算，中国老龄群体已经开始进入新老

---

① 邬沧萍、姜向群：《老年学概论（第 3 版）》，中国人民大学出版社 2014 年版。

② 侯天仪：《人口普查我国迈入老龄社会，银发产业万亿商机凸显》，http://www.zgjrw.com/News/2011429/home/039717615600.Shtml，2013 年 3 月 9 日。

代际更替阶段①，从 2010 年开始，出生于中华人民共和国成立后的"50后""60后"人群开始逐渐步入老年期，生存背景的不同形成了与传统老年人不同的生活方式，而生活方式源于价值观的驱动，随着西方文化价值观的影响以及与其他群体之间的互动，传统的价值观念在新老群体间代际传承的同时也在发生着嬗变。"重积蓄、轻消费，重子女、轻自己"的传统观念被逐渐摒弃，老年人已不再满足于基本的生活需要，而是对丰富和享受晚年生活拥有强烈愿望。花钱买健康、花钱买时尚、花钱买快乐等消费观正成为越来越多现代老年人的追求。事实上，许多研究也都证明，价值观会对老年人的消费行为产生深远影响②，如旅游消费，这种变化会给社会经济发展带来一定影响，并会随着时间的推移不断被放大，产生巨大差异。另外，老年人群体的代际更替在受教育程度、社会经济地位等方面也有不同程度的提高。从 2005 年至 2010 年 5 年间，中国没有接受过正规教育的城镇老年人人数减少了 5.2 个百分点，受教育程度在大专以上的城市老年人人数增加了 0.9 个百分点③，受教育程度的提高会增强老年人提高生活质量的意愿，旅游消费行为将会逐渐成为老年人的一种新的生活方式。

同时，随着家庭结构小型化，老人与子女各自的独立性增强，老年人的生活自主能力提高，老年人出游意愿增强，越来越多的老年人希望通过旅游消费提高生活质量。根据 2016 年相关调研数据显示，81.2% 的中老年受访者表示，若条件允许愿意去旅游。综上所述，随着人口老龄化的提速，老年旅游市场潜力巨大。

老龄群体的消费需求具有很强的异质性，然而旅游市场并未适应老龄化形势，对老年群体这一"蓝海市场"缺乏老龄化思维，导致旅游市场规划、旅游产品开发和旅游服务提供过程中缺少针对老年人群的个性化、定制化产品和服务，产品开发滞后成为介于老年旅游需求与购买决策之间的"瓶颈"④。这种在旅游业发展中的"年龄歧视"在很大程度上制约了老年人的旅游活动参与度，制约了老年人旅游消费需求的满足，从而影响

①　姚远、陈昫：《老龄问题群体分析视角理论框架构建研究》，《人口研究》2013 年第 2 期。

②　Lunsford, Dale, A., Burnett, Melissa, S., "Marketing Product Innovations to the Elderly: Understanding the Barriers to Adoption", *Journal of Consumer Marketing*, Vol. 9, No. 4, 1992.

③　王红丽、丁志宏：《我国老年人主要经济生活来源的变迁分析——基于性别的视角》，《兰州学刊》2013 年第 1 期。

④　荣飞琼、张晓燕：《我国人口老龄化与老年旅游的新发展》，《西北人口》2006 年第 4 期。

老年旅游消费需求的释放。国家旅游局日前已出台了《旅行社老年旅游服务规范》，这为老年人外出旅游提供了安全保障的同时，更加需要旅游业积极应对人口老龄化，坚持"老龄思维"，加快产业转型与升级，不断解决老龄人口需求与老龄产品和服务之间不相适应的矛盾，以满足老龄人口日益多元、高层次的精神需求。

第四节　本章小结

本章依据宏观年度数据，在对城镇老年人口旅游消费水平进行预测，并分析了老龄化背景下，未来城镇老年人口旅游消费的发展趋势，在此基础上，对城镇老龄化与国内旅游消费之间的关系进行实证研究，运用脉冲响应函数和方差分解分析并预测城镇老龄化对国内旅游总花费和国内游客人次当期和未来的长期影响趋势，验证了老龄化快速发展背景下，对未来城镇老年人口旅游消费影响趋势的预测。主要结论如下。

第一，国内旅游总花费对于城镇老龄化增长的脉冲响应模式与国内游客人次对于城镇老龄化增长的脉冲响应模式上都趋于稳定的正向响应。但从长期趋势看，城镇老龄化对国内游客人次的累积效应大于国内旅游总花费的累积效应，表明城镇老龄化与国内游客人次之间存在显著的长期稳定的正向关系，但与国内旅游总花费之间的长期趋势并不显著。

第二，在方差分解中，城镇老龄化对国内游客人次的预测方差贡献度较显著，而对国内旅游总花费的预测方差贡献度相对较小，这与脉冲响应分析的结果是相一致的。

对城镇老年人口旅游消费水平的趋势预测结果表明，城镇老年人口发展规模与城镇老年人口旅游总人次和旅游总花费存在明显的相同增长趋势。实证分析验证了预测结果，分析表明，无论是短期还是长期，城镇老龄化对国内旅游消费存在影响，并且从长期趋势看，随着城镇老龄化程度的加剧，这种冲击对国内旅游人次的影响较旅游花费效果更显著。本章从宏观视角实证分析了城镇老龄化对国内旅游消费的影响，人口老龄化所孕育的老年旅游消费需求及其巨大的市场规模与潜力，使企业再也无法漠视这一消费群体的存在。那么，城镇老年人旅游消费行为特征是什么，影响因素有哪些，作用机制是如何形成的？从第四章开始，将从微观层面系统探究城镇老年人旅游消费行为及其形成机制。

第四章

城镇老年人旅游消费行为特征

第三章在分析了中国城镇人口老龄化对国内旅游消费影响的宏观背景下，从本章开始采用调查问卷数据，从微观视角研究城镇老年人旅游消费行为。本章首先从深度访谈和调查问卷两个方面介绍调研方法，进而基于调研样本，从微观视角分析城镇老年人旅游消费行为的基本特征。

第一节 引言

对于老年群体而言，旅游已成为提高生活质量的重要生活方式，人口老龄化所孕育的老年旅游消费需求及其巨大的市场规模与潜力，已成为旅游消费市场无法漠视的重要组成部分。随着老年人口绝对规模和相对规模的迅速增长，老年群体拥有宽裕的可支配收入、充裕的闲暇时间以及较高的出游意愿，将有效刺激老年群体尤其是城镇老龄群体的旅游消费需求。中国的老年群体大多经历过一段艰苦的生活岁月，随着生活水平的提高，旅游消费将可能成为城镇老年群体消费增长的亮点。

旅游消费行为的构成比较复杂，是一个包括旅游前消费决策、旅游中消费购买和旅游后消费评估的动态演进过程。本书试图在每个环节下包含具体的特征描述，在一个整合统一的框架下系统描述并评价城镇老年人旅游消费行为特征（图 4 - 1）。

旅游前决策行为指老年人设计和选择旅游方案的过程，用对游伴的选择、出游方式和目的地类型偏好指标衡量。旅游消费水平使用旅游目的地远近、旅游花费水平高低和消费结构衡量。旅游后评估行为用出游频次指标衡量，调研样本中的城镇老年人均有过 1 次以上的旅游消费经历，因而出游频次能反映老年人的再出游意愿。基于调研数据，从游伴、出游方式、旅游偏好、目的地选择、旅游花费、消费结构、出游频次7个指标，分析城镇老年人旅游消费行为特征。

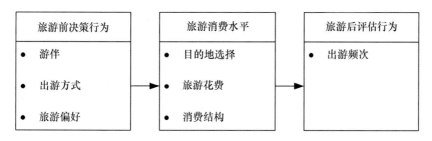

图4-1　城镇老年人旅游消费行为特征研究结构

第二节　调研方法

一　半结构访谈

半结构访谈是深度访谈的主要模式，由访谈员依据事先设计的问卷和访谈提纲与受访者进行的非正式的访谈。本研究在开展调查问卷之前，采用半结构访谈法，对城镇老年人的消费价值观、旅游动机和旅游消费行为等问题与受访者进行深入交流，以便更好地了解城镇老年人的旅游消费行为特征，考察消费价值观对城镇老年人旅游消费行为的作用。

2016年5月作者在秦皇岛市对10名有过旅游经历的60岁及以上的受访者围绕旅游消费行为、旅游动机和消费价值观进行了一对一的半结构访谈（受访者基本资料见表4-1）。访谈对象的选择主要采取熟人介绍的方式，辅之以滚雪球的方式，在对访谈对象进行选取时尽可能考虑到年龄、性别、职业、文化程度、收入状况等方面的综合因素。访谈过程中，作者按照事先拟好的访谈提纲（附录B）和调查问卷初稿，向受访者全面了解以往的旅游消费行为，出游动机以及个人所持有的消费观念在日常生活中如何体现，具体到对旅游消费行为的作用。值得一提的是，访谈提纲只是大概的框架性问题，每个访谈并不局限于这个框架，而是根据每位受访者的具体情况进行适当的调整，让每个受访者都能详细讲述自己的旅游行为，以及消费行为背后深层次的消费观念是如何在旅游消费中体现，并引导受访者能对所形成消费观的成长背景和经历以及在日常生活的各个方面是如何体现的进行深入阐述。每个访谈的时间控制在 1—2 个小时。

表 4 - 1　　　　　　　　　　　　　　访谈对象基本情况

编号	性别	年龄（岁）	文化程度	职业	月收入（元）	家庭人口	旅游方式
1	男	83	本科	公务员	5000—7999	2	自由行
2	女	73	中专	教师	3000—4999	2	自由行
3	女	66	中专	国企职工	2000—2999	2	跟团游
4	男	67	初中	国企职工	2000—2999	2	跟团游
5	女	64	大专	公务员	5000—7999	3	跟团游
6	女	75	大专	企业管理者	2000—2999	2	自由行
7	女	60	初中	企业管理者	2000—2999	2	跟团游
8	女	65	高中	企业职工	2000—2999	4	自由行
9	男	62	研究生	教师	15000 以上	2	自由行
10	男	62	大专	事业职工	3000—4999	2	跟团游

通过深度访谈能够更加深入了解现在的城镇老年人对旅游消费的观点和态度，考察受访者对消费观念、旅游动机和旅游消费行为的理解，并结合访谈内容修正调查问卷中量表的设计，使题项的表述更具针对性，更加符合老年人的理解程度，以便调查问卷能够获得较好的测量效果。

二　调查问卷

1. 问卷设计

正式的调查问卷主要由封面信、问题及答案和附录三个部分组成。封面信主要包括调查目的、调查者身份、调查的大概内容、调查对象的选取方法和对结果的保密承诺和感谢语等。问题及答案为问卷的主体部分，共计 61 个题项，采用封闭题目形式，主要分三个部分：第一部分是被调查者的旅游消费行为调查，包括出游频次、出游方式、游伴选择、旅游偏好、目的地选择、出游交通工具选择、住宿设施、旅游消费水平、旅游消费结构等，旨在了解被调查者的旅游消费行为特征（本章的主要分析内容）；第二部分是旅游动机量表，共计 32 个题项，旨在了解被调查者的出游动机；第三部分是消费价值观量表，共计 18 个题项，旨在了解被调查者的消费观念。两个量表主要用于后面几章的分析。两个量表均采用 5 点式李克特量表，1 表示"非常不同意"、2 表示"不同意"、3 表示"一般"、4 表示"同意"、5 表示"非常同意"。调查问卷的附录部分主要包括问卷编号、调查员姓名、问卷填写时间和填写地点，由调查员填写。

2. 调查地概况

本研究的调研地点选在河北省秦皇岛市。为什么选择秦皇岛作为调研地点，一方面是因为秦皇岛市是国内著名的旅游目的地，旅游业发展历史悠久，自然环境优越，旅游资源丰富，拥有旅游景区 50 处，景点 303 个，国家级风景名胜区 3 处、4A 级景区 9 处。著名的旅游胜地有以北戴河为中心的海滨旅游风景区、以山海关为中心的古城旅游景区和以祖山为核心的山岳旅游景区。据秦皇岛市国民经济和社会发展统计公报显示，2015 年秦皇岛市接待海外游客 28.40 万人次，国内游客 3344 万人次，旅游总收入362.37 亿元①。另外，秦皇岛位于东北与华北两大经济区的交会点，区位、交通优势明显，来秦旅游的外地游客区域分布较广。另一方面，在秦皇岛能够得到单位、同事及朋友的帮助，有利于访谈和调查的顺利进行。

3. 调查对象

本研究选取的调查对象是 60 岁及以上有旅游经历的城镇居民，包括来秦皇岛旅游的国内游客和本地居民。

4. 调研员的选择与培训

本调研先后与秦皇岛市燕山大学经济管理学院旅游系《秦皇岛市游客满意度调查》课题组和旅游协会合作招募近 20 名旅游专业本科生作为调研员。为了保证调查数据的质量，所有调研员在正式调查前都接受了访前培训。作者本人向全体调研员详细介绍了本次调查研究的主要目的，对调查问卷的内容逐条逐项进行了讲解，要求调研员到景点景区进行随机抽样，对样本选取的要求进行了详细说明。考虑调查对象都是 60 岁及以上的老年人，现场填写问卷时可能对题项的语义和问卷的填写方法会理解不清，要求调研员现场辅助调查对象逐项填写，尽量消除可能出现的信息失真，保证问卷回收的有效性。

5. 数据收集过程

由于秦皇岛市旅游季节性较强，旅游旺季集中在每年的 5 月到 10 月

---

① 数据来源：秦皇岛市统计局网站，《2015 年秦皇岛市国民经济和社会发展统计公报》。

之间，7、8 月份的游客接待量最高，调研分两次进行，一次在 2016 年 5 月底完成了小规模的预调研；正式调研是在 2016 年 8 月到 9 月初完成的。调研员分组分别在秦皇岛市著名景区（鸽子窝和老龙头）、社区和火车站进行现场问卷填写。本调研完成了从问卷设计、调研员培训、预调研、问卷修改、正式调研、问卷检查、编码、录入和数据处理。调研样本是通过随机抽样调查形成的，预调研共发放问卷 120 份，回收问卷 112 份，回收率 93.3%；正式调研发放问卷 400 份，回收问卷 387 份，回收率 96.8%。借鉴确定无效问卷的操作方法对于问卷题项填写不完整，未答题项超过题项总量的 10%；同一题项填写两个或两个以上答案；题项选择呈现明显规律性；问卷中关联题项呈现明显自相关矛盾的问卷，可以判断问卷填写随意性大，则被判定为无效问卷。最后，预调研得到有效问卷 105 份，问卷有效率 87.5%；正式调研得到有效问卷 379 份，问卷有效率 94.8%，其中 60 岁及以上样本 229 个（用于第四章、第五章、第六章、第七章），45—59 岁样本 150 个（用于第七章）。60 岁及以上调研样本的区域分布见表 4 - 2。

调研样本来自中国东部、东北部、中部和西部四个区域。来自东部地区的样本数量最多（182 人）、占样本总数的 79.5%，其次是东北地区（35 人）、占样本总数的 15.3%。由于秦皇岛市地处东北与华北两大经济区的交会点，因此东部地区的北京（39 人）、河北（96 人，其中调研地点秦皇岛占 76 人）、东北三省（35 人）是旅游者数量最多的客源地，占样本总数的 74.2%。具体如表 4 - 2 所示，样本来源分布全国各个区域，对比全国人口分布情况，虽然北京、河北和东北三省的旅游者样本比例偏高，可能会对样本的代表性造成一定的影响，但是综合考虑区域的经济发展水平和旅游者的出游力，本研究的样本仍然能够反映城镇老年旅游者的消费特征。

表 4 - 2　　　　　　　　　　调研样本的区域分布

区域	东部	东北部	中部	西部	合计
有效问卷	182	35	5	7	229
比例（%）	79.5	15.3	2.2	3.1	100

6. 样本统计学特征

调研样本人口统计学特征包括性别、年龄、文化程度、职业、月收入、工作状态、家庭结构、健康状况八项（如表4-3）。

表4-3 调研样本的基本特征

变量	项目	样本	比例（%）
性别	男	122	53.3
	女	107	46.8
年龄	60—69 岁	159	69.4
	70 岁及以上	70	30.6
文化程度	小学或以下	20	8.7
	初中	28	12.2
	高中/中专	50	21.8
	大专	52	22.7
	本科	61	26.6
	研究生	18	7.9
职业	国家机关、党群、组织、企事业单位负责人	13	5.7
	专业技术人员	22	9.6
	办事人员和有关人员	120	52.4
	商业、服务业人员	20	8.7
	其他	54	23.6
月收入	1000 元以下	20	8.7
	1000—1999 元	17	7.4
	2000—2999 元	42	18.3
	3000—4999 元	63	27.5
	5000—7999 元	52	22.7
	8000—14999 元	15	6.6
	15000 元以上	20	8.7

变量	项目	样本	比例（%）
工作状态	在职	19	8.3
	退休	153	66.8
	退休后有偿兼职	33	14.4
	退休后无偿兼职	24	10.5
家庭结构	核心家庭	15	6.6
	主干家庭	79	34.5
	联合家庭	13	5.7
	其他家庭	122	53.3
健康状况	非常好	83	36.2
	好	85	37.1
	一般	59	25.8
	差	2	0.9

本研究调研回收的有效问卷229份，其中（1）性别：男性53.3%，女性46.8%，男性所占比例略高于女性，但差别较小，说明样本中男女分布较为均匀，能够有效保证问卷质量。（2）年龄：出游人群主要集中在60—69岁，占样本总量的69.4%，70岁及以上老年游客占30.6%。（3）文化程度：调研对象整体受教育水平较高，其中本科有61人，占26.6%，其次是大专和高中/中专，分别占22.7%和21.8%。（4）职业：办事人员和有关人员占比最高，为52.4%，专业技术人员，商业、服务业人员，国家机关、党群、组织、企事业单位负责人占比相对较低，分别占9.6%、8.7%、5.7%。（5）月收入：以3000—4999元、5000—7999元和2000—2999元为最多，分别占27.5%、22.7%和18.3%。（6）工作状态：退休人员占66.8%，退休后有偿兼职人员占14.4%。（7）家庭结构：其他家庭占比最多，为53.3%，其中夫妻家庭占比为40.3%，其次为与已婚子女共同生活的主干家庭占比为34.5%。（8）健康状况：调查的老年旅游者身体状况普遍较好，其中36.2%的老年人身体状况非常好，37.1%的老年人身体状况好。

第三节　城镇老年人旅游消费行为基本特征

一　旅游前决策行为

1. 游伴及出游方式

（1）游伴选择

城镇老年人在出游同伴选择上以家庭出游为主，占49.2%，其中夫妻同行出游的占29.8%，与子女同行出游的占19.4%，其次为与亲友或同事同行出游，占43.5%，相对而言，独自出行的较少，仅为7.3%（表4-4），说明群体旅游已经成为老年群体喜爱的旅游形式，以增进家庭情感和友情为主要目的，渗透着中国特有的传统文化与家庭观念。

表4-4　　　　　　　　　**城镇老年人旅游游伴选择**

游伴	独自出行	与子女同行	夫妻同行	与亲友或同事同行
比例（%）	7.3	19.4	29.8	43.5

通过进一步分析城镇老年人旅游者家庭结构与游伴选择发现，两者联系紧密。图4-2显示，家庭结构不同在出游同伴选择上存在差异。选择夫妻同行的以其他家庭结构为主，占比40%，其中以夫妻共同生活、身边无子女的家庭为主，其次是与子女共同生活的核心家庭和主干家庭，均占33%。选择与子女同行的则以与已婚子女共同生活的主干家庭和与未婚子女共同生活的核心家庭为主，分别占29%和20%，联合家庭为24%。选择与亲友或同事同行的以联合家庭居多，占比为60%，其次是核心家庭，占比为42%。相对而言，城镇老年人选择独自出行方式与家庭结构相关性并不明显，其他家庭结构中独居老人选择独自出行占比为16%。总体来看，家庭结构对城镇老年人出行游伴的选择具有一定影响，夫妻共同生活、身边无子女的家庭更倾向于选择夫妻同行，核心家庭和主干家庭可能受家庭传统实用价值观的影响，更偏重家庭共同出游。

（2）出游方式

出游方式形式多样，根据调研数据，城镇老年人出游方式以选择自由行占比最多，为54%，其次是旅行报团，占34.7%，而单位组织、民间

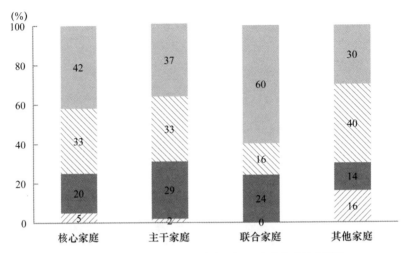

图4-2　城镇老年人不同家庭结构与游伴选择关联图

组织和社区组织分别占 5.7%、3.6%、2%（表4-5）。一方面，发达的互联网和便利的交通设施，正改变着人们的生活方式和消费观念，旅游消费行为的自主性越来越强；另一方面，家庭旅游已经成为最主要的出游方式，为满足家庭成员的需要，自由行也成为老年旅游者的主要选择。

表4-5　　　　　　　　　城镇老年人出游方式选择

出游方式	旅行报团	自由行	民间组织	单位组织	社区组织
比例（%）	34.7	54	3.6	5.7	2

　　调查样本研究发现，城镇老年旅游者出游方式与游伴的选择关联性较强，如图4-3所示。自由行的游客群体中，以与亲友或同事同行为主，占比40%，其次是与子女同行，占比31%，夫妻同行占比21%，而独自出行的占比较少，仅为8%。旅行社报团的群体中，夫妻同行的占主体，为44%，与亲友或同事同行的占比为30%，与子女同行占19%，而选择独自出行的仅占9%。对于单位组织的形式，则以与亲友或同事同行为主，占75%。可见游伴对出游方式的选择作用密切。

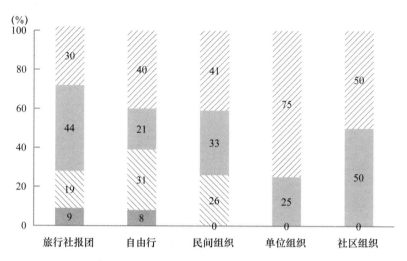

图4-3 城镇老年人出游方式与游伴选择关联

2. 旅游偏好

城镇老年旅游者最偏好自然风光类，占45.2%，其次是文化历史景观类和休闲度假类，分别占19.4%和18.5%，民俗风情类、现代城市景观类、养生保健类，比例分别为4.8%、4%、3.2%，而购物、娱乐、探险等活动不是主要偏好。将城镇老年旅游者旅游偏好类型分为四种：自然风光类、休闲疗养类、历史文化类和活动类。休闲疗养类包括现代城市景观类、休闲度假类、娱乐类、养生保健类。历史文化类包括文化历史景观类和民俗风情类。活动类包括探亲访友类、购物类和探险类。45.2%的城镇老年旅游者以游览自然风光为主，27.4%的老年旅游者旅游目的是健康疗养、度假等方面的需求，历史文化类占24.2%（表4-6）。与选择繁华喧闹的旅游目的地以及主题公园、探险旅游等相比，老年群体通常对自然观光、度假旅游以及具有一定文化底蕴的目的地更具偏好，比较注重精神体验。

表4-6　　　　　　　　　　城镇老年旅游者旅游偏好

偏好	自然风光类	休闲疗养类	历史文化类	活动类
比例（%）	45.2	27.4	24.2	3.2

二 旅游消费水平

1. 目的地选择

城镇老年旅游者旅游目的地以选择省外游为主。表 4 - 7 显示，约 59% 的老年群体出游市场选择在省外，省内游的约占 22%，周边游的仅占 19%。城镇老年人旅游流主要流向省外，调研显示选择火车出行的样本比例约占 47.6%，选择飞机出行的占比为 20.2%，间接说明便捷的交通网络增加了出游半径，老年群体不仅限于周边游，更倾向于中远程距离的旅游，出游意识进一步提高。

表 4 - 7 　　　　　　　　城镇老年人旅游目的地选择

类型	省外游	省内游	周边游
比例（%）	59	22	19

2. 旅游花费

城镇老年人旅游花费为中等偏下水平。图 4 - 4 显示，城镇老年人旅游花费在 2001—3000 元的居多，占 20.2%，5000 元以上的占 18.5%，在 3001—4000 元、1001—2000 元间的相对较均匀，分别占 17.7%、16.1%，1000 元以下、4001—5000 元，分别占 15.3%、12.1%。按照龙江智①将旅游花费按低、中、高划分为三个组别，2000 元以下为低水平、2001—5000 元为中等水平、5000 元以上为高水平。将旅游花费调研样本分类合并后，可以看出，城镇老年人旅游花费属中等水平的比例占 50%，高水平的旅游花费低于低水平的旅游花费，比例分别为 18.5%、31.4%。

旅游花费与目的地的选择具有较强的关联性，图 4 - 5 显示，老年旅游者样本中，省外游的旅游花费以 2001—4000 元间为主，比例为 43%，省内游的旅游花费主要集中在 1001—3000 元间，比例为 40%，1000 元以下花费占比为 34%，周边游花费主要在 2000 元以下，比例为 64%。调研显示，随着出游半径的增加，旅游花费水平在提升，而整体旅游花费仍以中低水平为主。通过与旅游企业管理人员访谈，老年群体仍然选择以中低价位的旅游产品为主，一方面收入水平可能是影响老年群体旅游消费的重

---

① 龙江智：《中国旅游消费行为模式研究》，旅游教育出版社 2014 年版。

要因素。另外，现在的老年人主要是出生于中华人民共和国成立前后，经历过计划经济时期的消费，具有深刻的时代烙印，艰苦年代养成的节俭、谨慎的消费观念会影响其一生的消费观念和消费行为，这需要深入分析嵌入旅游情境中的老年群消费价值取向与旅游消费行为关系。

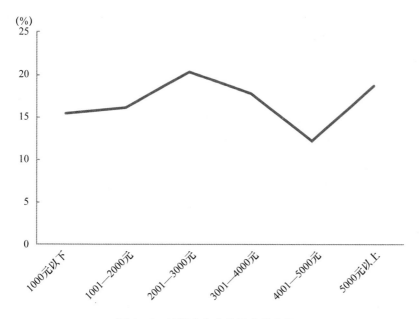

图4-4　城镇老年人旅游花费占比

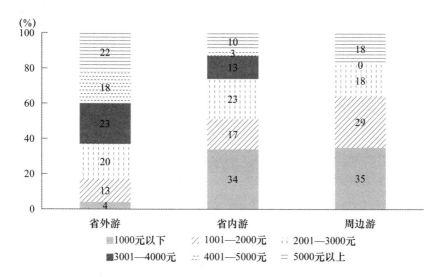

图4-5　城镇老年旅游者目的地选择与旅游花费关联

3. 消费结构

旅游消费结构包括旅游花费结构、旅游住宿结构和旅游交通结构。在调查的城镇老年旅游者中，旅游花费最多的是交通，占 39.5%，其次是住宿，占 15.3%，门票和购物的花费较为接近，分别占 14.5%、13.7%，餐饮占比为 11.3%。老年人出游交通花费最高，一方面，老年群体旅游更倾向于选择省外游和自由行，长距离旅游会带来花费的增加，反映在旅游交通结构中，选择乘坐火车的达到 47.6%，乘坐飞机的比例为 20.2%；另一方面，选择自驾车的比例为 17.7%，说明城镇老年群体私家车拥有率较高，便捷的交通网络也增加了出游半径，导致了旅游花费结构中交通费最高。住宿结构中，大部分老年旅游者住宿普遍选择快捷酒店（45.2%），其次是随团安排，占比为 16.9%。近几年区别于传统标准化住宿产品的民宿客栈开始逐渐兴起，这种具有文化特色的小型主题式酒店不仅吸引着喜欢体验时尚的年轻人，老年人对这一具有个性化的酒店需求也在增加，调研数据显示，选择民宿客栈的调研样本比例占 13.7%，而选择星级酒店的占比为 10.5%。总体而言，城镇老年旅游者成熟、理性、讲求实惠的消费观念使旅游中的花费主要用于交通和住宿，其次是门票、购物和餐饮。

三　旅游后评估行为

调研数据显示，城镇老年人出游频次总体较高。平均每年有 1 次和 2 次国内旅游经历的分别占 37.1%、36.3%，3 次及以上的占样本总体的 26.6%（表 4 - 8），反映城镇老年人旅游消费意愿较强。一方面老年人的出游意愿与年龄、经济状况、身体状况及家庭负担等密切相关；另一方面，休息的需要和求知的需要也是老年群体选择旅游的主要动机取向[①]，另外传统的老年人的面子形象与从众心理，也可能是增强旅游消费的内在动因，通过旅游消费获得新的身份认同。

表 4 - 8　　　　　　　　城镇老年旅游者国内年出游频次

出游频次	1 次	2 次	3 次	4 次以上
比例（%）	37.1	36.3	12.9	13.7

① 岳祚蕲：《旅游动机研究与旅游发展决策》，《旅游学刊》1987 年第 3 期。

通过对样本数据进行卡方检验，发现城镇老年人出游频次与其周边常出去旅游的人的多少具有显著相关性。调查的城镇老年旅游者中认为周边出去旅游的人已达到88.7%，其中52.4%的人认为身边出去旅游的人"比较多"或"很多"（表4－9）。

表4－9 城镇老年人周边人出游情况

周边旅游的人	没有	很少	有，但不多	比较多	很多
比例（%）	2.4	8.9	36.3	43.5	8.9

从图4－6比较可以看出，认为身边出去旅游的人"很少"的调查者中，18%的调查者有过每年2次的旅游经历，仅有9%的调查者有过3次旅游经历。认为身边出去旅游的人"有，但不多"的调查者中，36%的调查者有过2次旅游经历，11%的调查者有过3次的旅游经历。而认为身边出去旅游的人"很多"的调查者中，46%的调查者有过2次旅游经历，27%的调查者有过3次旅游经历，显示了周边旅游的人多，城镇老年人的旅游意愿则更强烈。调研结果表明，城镇老年人的旅游消费行为在一定程度上具有从众心理和羊群效应，周围旅游的人多会影响老年人的旅游决策及相关行为。

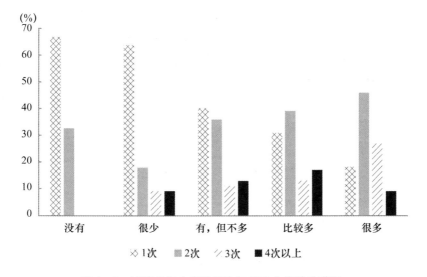

图4－6 城镇老年人出游频次与周边人旅游关联图

结合深度访谈的结果来看，受访者的旅游消费行为特征与调查问卷的统计分析特征大体一致。从游伴选择和出游方式来看，5 位受访者选择与子女一起自由行，5 位受访者选择夫妻一起或与朋友跟团游，自由行的受访者认为这种出游方式行程时间宽松，可以根据自己实际情况来安排线路，可以充分体验旅游带来的休闲放松。谈到旅游偏好的选择，多数受访者喜欢自然风光类、历史文化类景观，了解当地的民俗，体验不同的文化，增长知识。交通工具的选择上，多数受访者选择乘坐火车，认为有充裕的时间，火车经济实惠，又可以欣赏沿途的风景，也有受访者通过参与民间组织的老年车友会选择自驾游。住宿设施多数选择经济实惠的快捷酒店。而对于购物，多数受访者会考虑给家人带当地的特产，但也存在受周围人购买影响的冲动性消费，问卷调查的数据也显示，调查样本中有近 14% 的老年人会选择旅游购物。现在的老年人经历过物质匮乏的计划经济时代，消费行为上带有深刻的时代烙印，表现为节俭与克制，但随着社会的不断进步以及代际更替，消费观念也在发生着改变，老年人也在逐渐由生存型消费向享受型消费转变，旅游消费已经成为老年人提升生活质量的重要方式。

结合深度访谈中受访者旅游消费行为特征和调查问卷的数据分析结果来看，城镇老年旅游消费行为具有以下几个特点：（1）城镇老年人旅游消费在中等消费水平，旅游花费在 2001—5000 元间占比超过 50%，5000 元以上的旅游花费占比为 18.5%。由此可见，随着收入水平的提高以及消费观念的改变，城镇老年人旅游消费倾向越来越强。（2）城镇老年人对自然风光类和具有传统文化底蕴的目的地认同感更强，更加注重精神体验，对健康疗养方面的需求也比较大。（3）城镇老年旅游市场存在经济学意义上的示范效应，从调研分析结果可以看出，周边旅游的人越多，老年人的旅游意愿越强烈。

第四节　本章小结

本章选择著名的海滨旅游城市秦皇岛开展实地调研，以城镇老年群体为调研对象，从游伴与出游方式、旅游偏好、目的地选择、旅游花费、旅游出游频次等指标，分析城镇老年旅游者旅游消费行为特征。

城镇老年人旅游消费行为特征表现如下：（1）城镇老年旅游者在出

游同伴选择上以夫妻共同出游或与子女一起出游的家庭出游为主,说明群体旅游已经成为老年群体喜爱的旅游形式,以增进家庭情感和友情为主要目的。出游方式以自由行为主,占54%,其次是旅行社报团,占34.7%。调研样本研究显示,城镇老年旅游者出游方式与游伴的选择关联性较强,其中,自由行的游客群体中,以与亲友或同事同行为主,旅行社报团以夫妻同行占主体。(2)城镇老年旅游者旅游偏好类型可分为四种:自然风光类、休闲疗养类、历史文化类和活动类,以游览自然风光为主,其次是健康疗养、度假和历史文化。(3)城镇老年旅游流主要流向省外,便捷的交通网络增加了出游半径,老年群体更倾向于中远程距离的旅游,出游意识进一步提高。(4)旅游花费为中等水平,旅游花费最多的是交通,较少有娱乐,大部分老年旅游者住宿选择快捷酒店。(5)出游频次总体较高,数据显示发现城镇老年人出游频次与其周边常出去旅游的人的多少具有显著相关性,周边旅游的人多,老年人的旅游意愿则更强烈。

第五章

城镇老年人旅游消费行为影响因素

价值观会对老年人的消费行为产生深远影响，决定旅游消费行为的深层次的内在动因是消费价值观。本章基于消费价值观的视角，从微观层面对城镇老年人旅游消费行为影响因素进行探索性研究，首先在借鉴经典消费行为理论的基础上，阐释消费价值观与旅游消费行为关系的研究思路，从理论角度分析和提取研究变量，提出理论假设，并对研究变量进行测量，通过实证分析检验城镇老年人消费价值观、旅游动机是否会对旅游消费行为产生影响以及影响程度。

第一节　引言

消费行为的变迁是一个非常复杂的现象，涉及经济、人口结构、文化价值、心理等多个层面和维度，反映了社会结构的转变及文化生活各方面的影响，不同学科从不同视角诠释消费行为的影响机制，并取得了较为丰富的研究成果，其中以经济学、社会学、心理学的研究更为丰富。西方学者对老龄理论研究较多，主要从传统理论和人文主义理论进行研究[1]，从已有研究来看，老龄理论对老年消费行为研究作出贡献的主要有年龄分层理论、生命周期理论、亚文化理论等。西方老龄理论和消费行为理论对中国城镇老龄群体消费研究具有一定借鉴作用，但对于嵌入中国传统文化和社会快速转型情境化背景下解释城镇老龄群体消费行为问题却实用性有限。旅游消费不只是一种经济行为，更是重要的社

---

[1]　Moschis, G. P., "Marketing to Older Adults: An Overview and Assessment of Present Knowledge and Practice", *Journal of Services Marketing*, Vol. 5, No. 2, 1991.

会、文化现象①，是一种文化消费行为。社会学家发现，旅游消费行为不只受经济因素的影响，文化环境和社会变迁等非经济因素也是影响旅游消费的重要方面②。消费行为学理论认为，价值观是文化的核心，存在于消费者内心深处，在一个人的认知系统中占据更加中心的位置，是态度和消费行为的最终决定因素③，并因此为消费行为提供更稳定和内心导向的理解④。旅游者的消费价值观对于形成旅游动机、态度和偏好等旅游消费行为具有决定作用⑤。然而已有较多研究探讨旅游消费行为的经济因素，较少研究老年人消费价值观与旅游消费行为的关系。价值观是影响人的行为的最重要的内在驱控因素⑥，不同的消费价值观导致不同的消费行为⑦，中国社会正处在一个从传统社会向现代社会变迁的过程中，在这个快速转型的过程当中，城镇老年人消费价值观在代际传承的同时也在人们的无意识中发生着嬗变，不同的消费价值观促成了形形色色的消费行为⑧。研究证实，价值观会对老年人的消费行为产生深远影响⑨。然而西方经典消费行为理论已不能从本土化视角解读中国老年人消费行为的现实，在借鉴西方消费行为理论的基础上，嵌入中国传统文化和社会转型的宏观背景，将文化、价值观、心理动机等变量融合到对消费行为的研究中，探究消费价值观与城镇老年人旅游消费行为的关系，揭示与展现中国老龄群体旅游消费行为的特质与原色。

---

① Urry, J., *The Tourist Gaze: Leisure and Travel in Contemporary Societies*, London: Sage, 1990.

② 李怀、程华敏：《旅游消费的社会学解释：传统与前沿》，《兰州大学学报》（社会科学版）2010 年第 3 期。

③ Gutman, J., "A means-end Chain Model Based on Consumer Categorization Processes", *Journal of Marketing*, Vol. 46, No. 1, 1982.

④ Kamakura, Wagmer, A., Novak, Thomas, P., "Value-System Segmentation: Exploring the Meaning of LOV", *Journal of Consumer Research*, Vol. 19, No. 1, 1992.

⑤ 余凤龙：《发达地区农村居民旅游消费行为特征与影响机制研究——以苏南地区为例》，博士学位论文，南京师范大学，2015 年。

⑥ 张红明：《品牌价值二元互动结构模型——从消费价值与企业家价值互动关系角度实证研究》，硕士学位论文，中山大学，2002 年。

⑦ 卢泰宏：《中国消费行为报告》，中国社会科学出版社 2005 年版。

⑧ Hellmut Schütte, Deanna Ciarlante, *Consumer Behavior in Asian*, New York: New York University Press, 1998.

⑨ Lunsford, Dale, A., Burnett, Melissa, S., "Marketing Product Innovations to the Elderly: Understanding the Barriers to Adoption", *Journal of Consumer Marketing*, Vol. 9, No. 4, 1992.

第二节　研究思路与理论假设

一　研究思路

作为社会心理学一个独特的研究领域，价值观是比态度更抽象、更一般的具有评价性、选择性、规范性的深层心理建构①。从行为学的角度来看，价值观是影响人类行为模式的最为核心的因素，且稳定性相对很强②。价值观的重要作用之一在于，它构建了人们的信仰和态度，并指导着人们的行为。进一步来说，研究显示，相对稳定性、时间演进性和对个体行为的导向性构成了价值观的三大特征③。消费价值观是在价值观影响下而形成的消费价值取向，是形成消费动机、消费决策、消费行为等方面的决定因素④，其在研究消费行为中的重要作用得到了众多消费行为研究专家的认同⑤。研究结果表明，消费价值观与许多消费行为有着密切的关系，旅游消费行为是一种文化消费行为，势必会体现出消费价值取向。由于价值系统比使用单一价值更能有效解释价值对消费者态度和行为的影响⑥，因此构建城镇老年人消费价值观结构变量，分析其对旅游消费行为的影响。

在消费研究中，一个基本的判断是，个体心理和社会环境共同作用形成的消费行为与消费观念。城镇老年人消费价值观结构复杂，他们的消费行为更多的来自其自身的经历和由此形成的价值观。总体来说，城镇老年人消费行为主要表现为以下几个特征。

---

① 杨宜音：《社会心理领域的价值观研究述要》，《中国社会科学》1998 年第 2 期。

② Rokeach, M., *The Nature of Human Values*, New York: The Free Press, 1973.

③ 张梦霞：《中国消费者购买行为的文化价值观动因研究》，科学出版社 2010 年版。

④ Cretu, A. E., Brodie, R. J., "The Influence of Brand Image and Company Reputation Where Manufactures Market to Small Firms: A Customer Value Perspective", *Industrial Management*, Vol. 36, No. 2, 2007.

⑤ Engel, J. F., Kollat, D. T. and Blackwell, R. D., *Consumer Behavior*, New York: Holt, Rinehart & Winston Inc, 1973; Rokeach, M., *The Nature of Human Values*, New York: The Free Press, 1973; Oliver, H. M., Yau, *Consumer Behavior in China: Customer Satisfaction and Cultural Values*, T. J. Press (Padstow) Ltd., Padstow Cornwall, 1994; Hellmut Schütte, Deanna Ciarlante, *Consumer Behavior in Asian*, New York: New York University Press, 1998.

⑥ Schwartz, S. H. & Bilsky, W., "Toward a Theory of the Universal Content and Structure of Values: Extensions and Cross-cultural Replications", *Jouranl of Personality and Social Psychology*, Vol. 58, No. 5, 1990.

特征一：节俭性消费。中国现阶段的老年群体大多经历过一段较长时间并不富裕的生活，具有深刻的时代烙印，仍然秉承克勤克俭、量入为出的消费观念，在能省则省的前提下，避免不必要的消费，有计划的安排收入支出，只有在明确了解其购买价值之后，才会购买。但随着社会的进步，节俭消费的内容和形式也在发生着变化[1]：

访谈案例：被访者 1，女，75 岁，企业退休职工

该节俭的还是要节俭，老的传统不能丢，过去提倡艰苦奋斗，自力更生，已经打下很深的烙印了，没法改变了，但现在经济条件都好了，孩子也省心，节俭还是节俭，但跟过去不太一样了，过去很少买新衣服，买东西专挑打折的买，现在收入提高了，经济实惠，要物有所值，还要注重营养健康。孩子去年自驾游带我们老两口出去旅游，要放在过去肯定舍不得，现在人的观念也变了，出去走走放松身心，心情开阔了，啥烦恼都忘了。孩子安排我们住星级酒店，还是舍不得，花那么多钱不值，住快捷酒店，干净舒适还便宜，出去玩也得算计点，不能乱花钱，钱花得值。

访谈案例：被访者 2，男，62 岁，高校退休老师

现在经济收入不是问题了，没有后顾之忧，每年都会和朋友自驾游或参与老年自驾游协会组织的活动。旅游前都会做预算，自驾游交通费用比较高，但住宿会选择快捷酒店，干净、卫生还实惠，不追求豪华，量力而行，很少在旅游点购物，除非物有所值才会买。

上述两个访谈案例的受访者的消费行为特征是以节俭为主导的，但是他们的节俭观已经不再是中国传统文化所理解的节俭观，他们对节俭观的理解是不会再抑制自己的生活需求，而是在能省则省的前提下，避免不必要的消耗与花费，根据自身的需要合理安排生活。从他们的讲述中，一方面可以反映消费观念的更新；另一个方面也反映了传统"节俭观"的精神内涵仍然根深蒂固地影响着人们的生活。

特征二：习惯性消费。人到老年以后，其行为往往表现为怀旧，沿袭

① 武瑞娟、王承璐、杜立婷：《沉没成本、节俭消费观和控制动机对积极消费行为影响效应研究》，《南开管理评论》2012 年第 5 期。

旧俗的心态大于对新事物的学习和接受。关于老年群体的一个主要发现就是他们是谨慎的消费者，基本符合行为生命周期理论的"计划者假设"，即老年消费者自我控制能力表现极强。在中国传统文化背景下，老年群体极为看重社会风险，对于多数老年人来讲，只有在确信边际收益大于可感知成本的前提下，消费和购买才可能发生[①]：

> 访谈案例：被访者 3，女，73 岁，退休教师
> 平时买东西怕上当受骗买到假货，一般都去大商场或超市买，能保证质量，对于新出的东西不太敢买，等身边人有用的，反应还不错，才会去买。我一般很少在旅游景点买东西，假的太多，除非给家里人买些吃的，花不了多数钱。虽说现在条件都不错，但还是尽可能把钱存下来补贴给孩子。

上面的案例明显反映了老一辈谨慎保守的消费特征，一方面反映出老年人不愿冒险出错；另一方面也反映出他们大多经历过物质匮乏的时代，那个年代的主题是强调通过辛勤劳作、精打细算和积少成多来维系社会的再生产，同时老年人把钱省下来并不是为自己消费，而是为子孙造福。

特征三：享受性消费。一方面，"代际传承"在中国人看来就意味着对家庭的重任与义务，作为对蹉跎岁月的补偿，老年人一般只有在退休后才有充裕的时间和金钱用于自身消费，以享受生活的欢愉；另一方面，对于新生代老年人或即将进入老年期的群体来讲，随着收入水平的提高，现代家庭结构趋于小型化，受到家庭条件的约束较小，具有更加积极开放的观念，因而将会有更加多样化的个性消费：

> 访谈案例：被访者 4，女，65 岁，企业退休职工
> 我的退休工资还可以，没有什么家庭负担，平时很注重生活品质，买衣服很注重品牌，喜欢通过旅游满足自己的好奇心，了解不同的事物。旅游通常会坐飞机或高铁，效率高，住宿一般会选择中等酒店，出门在外要注重舒适。

---

① Lunsford, Dale, A., Burnett, Melissa, S., "Marketing Product Innovations to the Elderly: Understanding the Barriers to Adoption", *Journal of Consumer Marketing*, Vol. 9, No. 4, 1992.

　　访谈案例：被访者 5，女，64 岁，退休公务员

　　我喜欢逛街购物，原先物资匮乏，没条件买，现在经济条件不错，孩子发展的也不错，经济上也不用我操心，现在比较放得开花钱，自己喜欢就买。旅游时会买些当地的纪念品，但买回来经常发现用处不大。

　　案例中的两位受访者更倾向于认同享受的消费观，心态上年轻，注重生活品质，看重精神生活，这也是当代老年人积极参与社会，"老有所为"的重要体现。

　　特征四：传统导向性消费。在老龄消费者群体中，儒家思想的烙印更加深刻，这也是中国老年消费者特征的文化基石①。这种消费文化反映在老年消费行为中，可以体现以下特征：面子、大众化消费、情感归属。对中国人而言，"面子"是中国人消费行为的关键，由于老年消费者的自我依赖性，在购买过程中更加看重社会声誉，"大众化消费"是中国城市消费者重要的消费行为特点，主要心理原因是求同动机，使消费者相互攀比、消费求同形成跟随型购买行为：

　　访谈案例：被访者 6，女，67 岁，退休工人

　　年轻时赶上计划经济，收入低，花钱总要算计，计划着花，平时生活节俭，出去旅游，就要穷家富路，难得出来玩，要玩得开心，在家舍不得买的，旅游时会买些当地的特产给家人和自己，价格允许的情况下品尝当地的特色饮食，那个时候就舍得消费。

　　被访者 6 的消费行为具有典型的面子特征，中国人十分讲究面子，在"面子观"的指导下，中国人在外人面前通常以消费的方式体现或炫耀主人的经济实力和社会价值，由于财力的有限（对内的节俭是为了对外的"奢侈"）以及受传统节俭观根深蒂固的影响，在实际的日常家庭生活中，中国人是非常节俭的：

---

　　①　刘超、卢泰宏、宋梅：《中国老年消费者购物决策风格的实证研究》，《商业经济与管理》2007 年第 2 期。

访谈案例：被访者7，女，66岁，铁路退休职工

我这个人爱热闹，出去旅游喜欢结伴，和家人，或者和兴趣爱好相同的朋友一起，一方面相互有个照应，另外几家人一路聊天、打牌，旅游嘛就是玩，开心，增进感情。我这人还有个习惯，每到一个地方都会给家里人带些当地有特色的吃的，用的。

归属感在马斯洛的需求层次中处于中间位置。一个人归属感的获得可以来自家庭、朋友和爱情等。被访者7的归属感来自家人和朋友，对家人和朋友圈有较强的依赖性。

特征五：个体化消费。贝克尔认为对个体而言，个体化是"过自己的生活"①，这一点越来越成为中国老龄化群体生活和消费信条。现代城市中，随着家庭结构小型化，生活其中的老龄化群体自由度提高了，消费行为有独立自主的倾向：

访谈案例：被访者8，男，62岁，退休干部

退休前在单位经常组织职工外出旅游，去过的地方比较多，现在喜欢选择偏僻的自然风景，体验不同的人文历史的自由行，年轻时就喜欢摄影、钓鱼，那时一是没有经济条件，另外也没有时间，现在退休了，出去旅游都会带上相机，这几年拍了好多照片，市里老年摄影大赛还获了奖。消费观念上更注重舒适，实用，买东西不随大众，选择自己的消费方式。

被访者8的消费观念反映了老年人的个性化需求，发展自己的兴趣爱好，并在其中获得乐趣和享受，同时作为独立个体，老年人消费心态和目的发生着变化，希望通过消费实现自我诉求的目的。

综合借鉴国内外有关消费价值观结构及测量的相关文献，结合关于中国人消费价值观的研究成果，以及深度访谈提及的有关城镇老年人消费行为的事实特征，本研究综合选取了城镇老年群体消费价值观的7个维度：务实节俭、面子形象、中庸从众、独立自主、物质享受、情感归属、谨慎

---

① 盖玉妍：《城市家庭变迁下的居民旅游消费价值观取向探讨》，《青海社会科学》2012年第3期。

保守。需要指出的是，在现实社会中，以上 7 个消费价值观间同时并存，相互影响，随着社会的转型和发展，对于现在的老年人，年轻时受传统观念影响较深，而现在又受到西方现代思想的冲击，因此，消费观念中可能既体现出传统的一面，也可能有现代的一面。

驱力理论认为动机是一种个人内在的驱力，这种驱力促使人们采取行动[1]。心理学阐释，价值观、兴趣和理想被个体内化后获得动力，形成行为动机[2]。消费者行为研究者根据心理学中有关个体行为的心理动机，在对消费行为的影响因素研究中发现，基于行为动机理论探索消费行为产生的真正原因，是认识个体外在行为特征的必要内容[3]。事实上，动机对行为的重要影响已得到学术界的公认[4]。在旅游者个体心理与旅游消费环境内外情境作用下，旅游动机被认为是理解旅游消费行为的关键因素和背后的驱动力量[5]。在城镇老年人旅游消费情境中，关于"谁""何时""何地""如何"等问题相对比较容易描述，但要回答"为什么旅游"则比较困难[6]。而旅游动机研究的正是"为什么"的问题。不同的旅游者有着不同旅游动机，而动机不同，消费行为则表现迥异，尤其是对城镇老龄化不同世代的旅游者，由旅游动机的差异引起的旅游消费行为差异更大。

基于以上分析，构建城镇老年人的"消费价值观、旅游动机对旅游消费行为影响"的研究框架（图 5 - 1）。

二　理论假设

1. 消费价值观变量的研究假设

务实节俭是一种传统的消费观，被认为是传统中国文化价值观中最重

---

① Mook, Douglas G., *Motivation: The Organization of Action*, New York: W. W. Norton, 1987.

② A. B. 彼得罗夫斯基:《心理学辞典》，东方出版社 1997 年版。

③ 张梦霞:《"价值观—动机—购买行为倾向"模型的实证研究》，《财经问题研究》2008 年第 9 期。

④ Mitchell, T. R., *People in Organizations: An Introduction to Organizational Behavior*, McGraw-Hill, 1982; Ajzen, I., "The Theory of Planned Behavior", *Organizational Behavior and Human Decision Processes*, Vol. 50, No. 1, 1991.

⑤ Crompton, J. L., "Motivations for Pleasure Vacation", *Annals of Tourism Research*, Vol. 6, No. 4, 1979.

⑥ Crompton, J. L., "Motivations for Pleasure Vacation", *Annals of Tourism Research*, Vol. 6, No. 4, 1979.

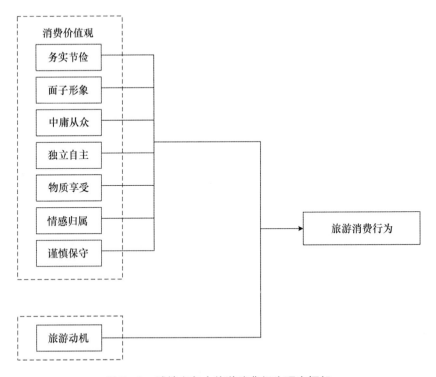

图 5 - 1   城镇老年人旅游消费行为研究框架

要的价值观之一。受中国传统文化的影响，同时中华人民共和国成立前后
出生的老年人大多经历过物资短缺和供给不足的年代，形成了以节俭务实
为主导的消费观念，强调"量入为出""物有所值"，避免不必要的消费。
这种具有深刻时代烙印的消费观念，在进入老年阶段依然延续，并显著影
响老年人的消费行为，对于价格以及消费实用性因素更为看重[①]。城镇老
年旅游者倾向于选择较为经济但性价比比较高的交通工具和普通旅馆或低
星级酒店，购物需求以土特产为首选，体现出城镇老年人旅游消费行为趋
于务实理性[②]，根据家庭生命周期状况、经济基础选择适合自己的旅游产
品。基于此，提出如下命题。

命题1：城镇老年人务实节俭与旅游消费行为具有显著关系。

---

① 金晓彤、张晓路：《我国老龄消费的新特征及促进对策》，《经济纵横》2013 年第 4 期。
② 胡平：《老年旅游消费市场与行为模式研究——以上海市为例》，《消费经济》2007 年第
6 期。

　　面子具有浓烈的中国文化色彩[1]，是个体为了维护自己所积累的并被社会圈内公认的形象，经过印象整饰后所表现出来的认同性的心理和行为[2]。中国人的面子形象深入骨髓，对其消费行为影响显著，尤其表现在能代表身份地位的消费行为上，面子意识更显强烈[3]，人们在消费中关注别人的看法和影响[4]，通过体现象征意义的消费行为，维护自己的"面子"，强化他人对自己的看法，满足炫耀心理与虚荣心[5]。消费者越注重面子形象，越倾向于象征性消费，消费水平越高。旅游消费同样受到能够衡量社会身份认同或强化社会地位差异的具有象征意义行为的影响[6]。"当主流社会都在使用某种产品或实践某种生活方式时，如果某人无力使用这种产品或实践这种生活方式，他必然产生一种相对剥夺感。"[7] 于是，城镇老年人旅游消费行为不再只是一种体验或经历，通过旅游消费可以获得某种身份认同，或体验到一种与他人的身份差异[8]。基于此，提出如下命题。

　　命题2：城镇老年人面子形象与旅游消费行为具有显著的关系。

　　中庸强调对事物度的把握，以避免和消解人与人、人与社会的对立与冲突，促成一个有序的道德社会[9]。中庸从众反映在消费行为中指以社会上大多数人的消费行为来规范和约束自己的消费行为，高度重视自身消费行为与群体消费行为的一致性[10]，体现出群体的规范行为和对消费行为的

　　① 潘煜、高丽、张星等：《中国文化背景下的消费者价值观研究——量表开发与比较》，《管理世界》2014 年第 4 期。

　　② 翟学伟：《中国人的脸面》，台北：台北桂冠图书公司 1995 年版；翟学伟：《中国社会中的日常权威：关系与权力的历史社会学研究》，社会科学文献出版社 2004 年版。

　　③ 李东进、吴波、武瑞娟：《中国消费者购买意向模型——对 Fishbein 合理行为模型的修正》，《管理世界》2009 年第 1 期。

　　④ 张新安：《中国消费者的顾客价值形成机制：以手机为对象的实证研究》，《管理世界》2010 年第 1 期。

　　⑤ 潘煜：《影响中国消费者行为的三大因素》，上海三联书店 2009 年版。

　　⑥ 李怀、程华敏：《旅游消费的社会学解释：传统与前沿》，《兰州大学学报》（社会科学版）2010 年第 3 期。

　　⑦ 王宁：《从苦行者社会到消费者社会：中国城市消费制度、劳动激励与主体结构转型》，社会科学文献出版社 2009 年版。

　　⑧ Stearns, P. N., *Consumerism in World History*: *the Global Transformation of Desire*, London: Routledge, 2001.

　　⑨ 邵汉明：《中国文化精神》，商务印书馆 2000 年版。

　　⑩ 刘世雄、周志民：《当代中国消费者的文化价值观与营销启示》，《商业经济文萃》2002 年第 6 期。

影响很大，使消费者倾向于追随社会主流的消费选择，具有"社会取向"和"他人取向"的特点①。朱信凯和骆晨②的相关研究显示，消费偏好不仅取决于个人消费也受到周围人消费的影响，Duesenberry 将这种影响，称为"示范效应"。现代社会的旅游消费是一种大众文化消费行为，"大众文化不但是改变消费者主观性的强有力工具，而且能够在各社会阶层中构建统一的消费愿望和消费品位"③，旅游消费也体现了它所代表的符号。因此，对于是否外出旅游，去哪里旅游，城镇老年人并非完全出于自身的需要，很有可能受到子女对父母的"文化反哺"、各种广告传媒、旅行社促销、周围亲朋好友、邻居等重要群体的旅游行为等一系列符号文化的影响。在这样的环境下，周围群体的行为模式给个体提供了消费行为规范，个体认为如果该行为符合社会规范，越倾向于认可，并愿意追随主流的消费选择④。基于此，提出如下命题。

命题 3：城镇老年人中庸从众与旅游消费行为具有显著的关系。

随着现代城市空巢老人家庭比重上升，家庭结构小型化使夫妻关系构成了家庭结构的核心，小型家庭使父母和子女各自的独立性增强，更使生活其中的老年人的活动自由度和自主安排生活的能力提高了⑤。根据国家老龄办统计，2016 年我国老年人共出游 8.24 亿人次，平均每人每年旅游近 4 次，超过全国人均水平。老年人尤其是城镇老年人已成为重要的旅游群体，旅游目的地选择和旅游消费决策行为越来越具个性化和自主性。出游方式的改变折射出老年群体消费观念的改变，独立自主消费观凸显。基于此，提出如下命题。

命题 4：城镇老年人独立自主与旅游消费行为具有显著的关系。

随着中国经济的快速发展和个人收入水平的提高，老年群体的消费观念发生了巨大变化，尤其是新生代老年人拥有更好的经济保障，更容易接

---

① 郑红娥：《社会转型与消费革命——中国城市消费观念的变迁》，北京大学出版社 2006 年版。

② 朱信凯、骆晨：《消费函数的理论逻辑与中国化：一个文献综述》，《经济研究》2011 年第 1 期。

③ ［法］尼古拉·埃尔潘：《消费社会学》，孙沛东译，社会科学文献出版社 2005 年版。

④ 余凤龙：《发达地区农村居民旅游消费行为特征与影响机制研究——以苏南地区为例》，博士学位论文，南京师范大学，2015 年。

⑤ 盖玉妍：《城市家庭变迁下的居民旅游消费价值观取向探讨》，《青海社会科学》2012 年第 3 期。

受新的消费观念①，享受观念影响着老年人的消费行为，老年人尤其是城镇老年人开始追求更高层次的生活，注重生活品位和质量②。王宁③认为，随着人们可支配收入水平达到超越基本生存的水准，收入约束相对减少，时间约束成为关注焦点，于是，"生存过剩资源"便顺其自然地用于提高生活质量，消费便由"实用"型生存消费转向"享受"型消费，意在强调生命的享受而不是生存。在社会剧烈变革和西方消费文化的影响下，城镇老年人尤其是未来新一代准老年群体传统的"重积蓄轻消费，重子女轻自己"的消费观念正在发生着改变，自我性消费补偿心理强化，物质享受的现代消费价值观正在成为城镇老龄群体旅游消费的价值诉求，旅游消费已经成为城镇老龄群体提升生活质量的重要的消费方式。基于此，提出如下命题。

命题5：城镇老年人物质享受与旅游消费行为具有显著的关系。

以家族为本的传统的家族主义④，作为中国传统文化的基本精神对现代家庭依然有着根深蒂固的影响。对家庭的情感归属作为传统文化心理的深层部分，由于其具有稳定性和传承性，因此仍是当代中国人的内在心理品质。随着中国第一代独生子女的父母开始逐渐步入老年期，独生子女相较于非独生子女与家庭情感互动更加频繁，子女和父母之间情感依赖增强⑤。家庭情感是城镇老年人消费价值取向的一个重要归属，"家和万事兴""尊老爱幼"等家庭观念深刻影响着消费行为。另外，老年人害怕孤独，更倾向于情感互动的群体活动，因此，反映在旅游消费行为中，调研数据显示，城镇老年旅游者以选择夫妻同行、与亲友或同事同行为主的群体出游方式，杨学燕通过对宁夏的研究也发现，不同的家庭结构出游时，选择两代同堂的家庭出游比例最高，说明旅游已成为关心家庭和增进情感的方式。基于此，提出如下命题。

命题6：城镇老年人情感归属与旅游消费行为具有显著的关系。

关于老年人的一个主要发现就是他们是谨慎的消费者，无论是社

①　乐昕：《老年消费如何成为经济增长的新引擎》，《探索与争鸣》2015年第7期。

②　陈士嘉：《老年人消费心理初探》，《山西老年》2002年第2期；刘超、卢泰宏：《西方老年消费行为研究路径与模型评价》，《外国经济与管理》2005年第11期。

③　王宁：《消费社会学——一个分析的视角》，社会科学文献出版社2001年版。

④　张国钧：《家族主义：中国传统伦理文化的基本精神》，《中国人民大学学报》1990年第3期。

⑤　盖玉妍：《城市家庭变迁下的居民旅游消费价值观取向探讨》，《青海社会科学》2012年第3期。

会学家、心理学家还是营销学家都研究证实，老年人具有抵制变化的倾向①。与年轻人相比，老年人更加谨慎，创新性消费偏好不强烈，经常购买的是已经得到市场认可的产品。根据心理账户理论，老年人的消费大多数来自现期收入，而非未来的预期收入。由于不同心理账户对消费者的吸引力不同，因此用于储蓄的心理成本和自控能力也有所不同。当前的城镇老年人经历过计划经济时期的消费，他们身上仍带有过去传统的烙印，并可能会影响其一生的消费观念和消费习惯。另外，随着国家开始对居民养老、医疗等各方面社会保障制度的推进，使城镇老龄群体对未来不确定性的预期有所增加，对社会风险极为看重，社会积累使其具有更强的自我控制能力。对于多数老年人而言，只有确认边际收益大于可感知的成本时，消费行为才可能发生。城镇老年人除了受现期收入、未来不确定性预期感知以外，还受身体条件、家庭约束等因素的影响，对于较高层次的旅游消费更为谨慎，平均旅游花费上比一般游客偏少，一定程度上反映了城镇老年人不愿意花费较多的收入在旅游消费上②。基于此，提出如下命题。

命题7：城镇老年人谨慎保守与旅游消费行为具有显著的关系。

2. 旅游动机变量的研究假设

旅游动机是引发、维持个体旅游行为并将行为导向旅游目标的心理动力③，是产生旅游行为的直接原因④，对旅游行为具有明显的预示作用。旅游者是在基于旅游动机的心理驱动下实现从具有旅游消费潜在需求到前往旅游目的地实现旅游消费行为的转变⑤。不同的旅游者有着不同的旅游动机，其旅游消费行为迥然不同，尤其是对老年群体旅游者，不同的旅游

---

① Mary C. Gilly and Valarie A. Zeithaml, "The Elderly Consumer and Adoption of Technologies", *The Journal of Consumer Research*, Vol. 12, No. 3, 1985。

② 余颖、张捷、任黎秀：《老年旅游者的出游行为决策研究——以江西省老年旅游市场为例》，《旅游学刊》2003 年第 3 期。

③ 岳祚弗：《旅游动机研究与旅游发展决策》，《旅游学刊》1987 年第 3 期。

④ 陈德广、苗长虹：《基于旅游动机的旅游者聚类研究——以河南省开封市居民的国内旅游为例》，《旅游学刊》2006 年第 6 期；Huang, S., Hsu, C. H. C., "Effects of Travel Motivation, Past Experience, Perceived Constraint, and Attitude on Revisit Intention", *Journal of Travel Research*, Vol. 48, No. 1, 2009。

⑤ 高军、马耀峰、吴必虎等：《国内外游客旅游动机及其差异研究——以西安市为例》，《人文地理》2011 年第 4 期。

动机引起的旅游消费行为差异更大①。旅游动机结构具有多维度，每个动机维度可能会对旅游消费行为产生不同的影响，因此，暂不对城镇老年人旅游动机的具体维度对旅游消费行为的影响作具体假设。

命题 8：城镇老年人旅游动机与旅游消费行为具有显著的关系。

第三节　研究变量测量与结构

一　研究变量测量

1. 研究设计

本研究在部分借鉴西方经典消费价值观量表②的基础上，参考中国文化背景下相关学者的成果③，从务实节俭、面子形象、中庸从众、独立自主、物质享受、情感归属和谨慎保守等方面设计城镇老年人消费价值观量表。

旅游动机量表主要以目前旅游动机理论中最为全面的旅行生涯模式（TCP）理论的动机测量量表④为依据，考虑该量表通过了浙江大学李罕梁博士对国内旅游者的实证检验，具有较强的诠释能力，因此，本研究采用了李罕梁博士的博士学位论文⑤的旅游动机量表。

---

① 周刚、张嘉琦：《基于旅游动机的老年旅游市场细分研究》，《资源开发与市场》2015 年第 12 期。

② Park, W. C., Jawarski, B., "Strategic Brand Concept Image Managemen", *Journal of Marketing*, Vol. 50, No. 4, 1986; Sheth, J. N., Newman, B. I., Gross, B. L., "Why we buy what we buy: a theory of consumption values", *Journal of Business Research*, Vol. 22, No. 2, 1991; Smith, J. B., Colgate, M., "Customer Value Creation: A Practical Framework", *Journal of Marketing Theory and Practice*, Vol. 15, No. 1, 2007; Holbrook, M. B., "Consumption Experience, Customer Value, and Subjective Personal Introspection: An Illustrative Photographic Essay", *Journal of Business Research*, Vol. 59, No. 6, 2006.

③ 刘世雄：《从文化价值的角度看消费形态》，《经济管理》2006 年第 7 期；阳翼：《中国独生代消费行为研究》，暨南大学出版社 2008 年版；金盛华、郑建君、辛志勇：《当代中国人价值观的结构与特点》，《心理学报》2009 年第 10 期；郑红娥：《社会转型与消费革命——中国城市消费观念的变迁》，北京大学出版社 2006 年版；张梦霞：《中国消费者购买行为的文化价值观动因研究》，科学出版社 2010 年版；潘煜、高丽、张星等：《中国文化背景下的消费者价值观研究——量表开发与比较》，《管理世界》2014 年第 4 期；余凤龙：《发达地区农村居民旅游消费行为特征与影响机制研究——以苏南地区为例》，博士学位论文，南京师范大学，2015 年。

④ Pearce, P. L., Lee, U. I., "Developing the Travel Career Approach to Tourist Motivation", *Journal of Travel Research*, Vol. 43, No. 3, 2005.

⑤ 李罕梁：《国内游客的出游需求和行为影响机制——基于旅行生涯模式、感知限制、态度和重游意愿的实证研究》，博士学位论文，浙江大学，2015 年。

通过小规模的深度访谈，修改问卷的测量题项，提高调查问卷测量结果的准确性。访谈过程中涉及的对消费价值观和旅游动机构念的衡量，应从不同角度进行提问，这样可以让访谈对象充分理解研究所需的信息[①]。具体通过六个问题引导访谈对象对消费价值观和旅游动机两个方面的考虑，包括："请问您在过去的一年里有过旅游的经历吗？""您选择的是什么方式旅游？""请问您和谁一起结伴旅游的？""您喜欢什么类型的旅游景观？请谈谈您喜欢的理由"，针对旅游消费过程，询问"请问您每次出游花费大概是多少？""哪些方面花费最多（如吃、住、行、游、购、娱），为什么？"，以引出访谈对象的消费价值取向（附录 B）。

表 5-1 梳理和提炼了较为典型的访谈结果，结合访谈结果可以发现旅游情境下的消费价值取向涉及经济实用、理性、面子、从众消费、亲情、友情等传统消费观念，兼有讲究享受、独立自主等现代消费观念的融入。从旅游动机角度看，反映老年群体出游动机的因素主要涉及自然风光、放松心情，与家人、朋友结伴出游，与人分享旅游经历、体验了解历史、文化，自主安排、增长见识，等等。通过对访谈结果的整理与分析来看，访谈涉及的消费价值观变量和旅游动机变量没有超出初始量表所涉及的内容，因此根据访谈结果不对两个初始量表做进一步改动。

表 5-1 访谈结果汇总

变量	维度	访谈结果
消费价值观	务实节俭	物有所值、计划花钱、实用、健康、选择性价比高的商品、量入为出、需要才买、不浪费等
	面子形象	穷家富路、舍得花钱、有面子等
	中庸从众	别人买自己也想买、消费从众等
	独立自主	买自己喜欢的、按自己的意愿消费、选择自己的消费方式、要适合自己、生活独立、不从众等
	物质享受	花钱放得开、讲究时尚、喜欢购物、不控制花钱、享受生活等
	情感归属	购物考虑家人、集体行动、家人商量、重友情等
	谨慎保守	相信品牌怕受骗、事先了解不熟悉的产品等

① Lannmanen, T., Wallin, J., "Cognitive Dynamics of Capability Development Paths", *Journal of Management Studies*, Vol. 46, No. 6, 2009.

续表

变量	维度	访谈结果
旅游动机	新奇	开阔视野、品尝当地美食、体验不同事物等
	放松	身心放松、心情开阔、忘记烦恼等
	关系强化	与家人、朋友结伴出游，热闹等
	独立自主	从自身需要出发、用自己的方式做事、享受自我
	自然	自然风光、贴近自然等
	自我发展（目的地涉人）	了解文化、风俗、当地人生活、饮食，见世面等
	刺激	喜欢参与刺激的活动等
	自我发展（个人发展）	积累的知识通过旅游得到验证，有成就感、摄影、发展个人兴趣等
	关系（安全感）	跟家人一起旅游、集体旅游等
	自我实现	丰富经历、感受内心平静等
	怀旧	
	认同	与人分享旅游经历

但通过深度访谈发现，受访者对调查问卷中的 B2、C9、C17 等题项的理解有偏差，需要进一步解释后才能理解题项所要表达的含义。针对上述理解有歧义的题项，在征求了受访者的修改意见后，进行了修改，具体修改题项如表5－2所示。

表5－2　　　　　　　　　　深度访谈后修改的题项

题项	修改前	修改后
B2	体验异地的特殊氛围	体验不同的事物
C9	希望有自己独立的空间	我希望选择自己的生活方式和消费方式
C17	看重与亲人在一起的归属感	我觉得跟亲人在一起的时光是最幸福的

结合访谈结果，最终确定城镇老年人消费价值观量表从务实节俭、面子形象、中庸从众、独立自主、物质享受、情感归属、谨慎保守等方面进行设计。城镇老年人旅游动机量表从新奇、放松、关系强化、独立自主、自然、自我发展（目的地涉入）、刺激、自我发展（个人发展）、关系

（安全感）、自我实现、怀旧、认同等方面进行设计。据此，初步构建城镇老年人消费价值观和旅游动机量表，共获得了 20 条消费价值观题项和 37 条旅游动机题项（附录 C.1 和附录 C.2），供进一步测试与检验。最终消费价值观和旅游动机采取 5 点李克特量表形式，1 表示"非常不同意"，3 表示"一般"，5 表示"非常同意"。

2. 量表修订与测试

虽然经过文献研究、深度访谈、观察等方法的考察，量表已经具有一定的内容效度，但是，学者们普遍认为在进行正式调研之前，需要进行小规模预调研，初步分析相关变量测量的有效性，依据分析结果，进而对测量条目进行提纯和修订[①]，提高量表的信度与效度，获得用于正式调研的城镇老年人消费价值观量表和旅游动机量表。

根据预调研的 105 份有效问卷，首先，对本研究涉及的 7 个消费价值观变量和 12 个旅游动机变量进行信度检验：（1）利用 Cronbach's α 系数检验测量条目的内部一致性。数据结果分析显示，消费价值观量表的 Cronbach's α 值为 0.819，旅游动机量表的 Cronbach's α 值为 0.904，表明消费价值观量表和旅游动机量表的总体信度较高，量表整体可以接受。进一步考察以各个不同的维度构念作为子量表的 Cronbach's α 内部一致性，如表 5-3、表 5-4 所示，根据美国统计学家 Hair，Joseph F.，Jr.[②] 的观点：Cronbach's α 值大于 0.7，表明数据的可靠性比较高；题项数目小于 6 个时，Cronbach's α 值大于 0.6，表明数据可靠；在探索性研究中，Cronbach's α 值可以小于 0.7，但应大于 0.5，由此来看，各个维度的信度都不错。（2）进一步考察量表题项—总相关度（Item-total correlation）< 0.4，且删除后 Cronbach's α 值会增加者删除[③]。结果显示，消费价值观量表中的物质享受分量表中的题项 C13 和情感归属分量表中的题项 C14 存在内部一致性较低的问题，数据分析表明，删除这两个题项后，两个分量表的 Cronbach's α 值得到了显著提高。旅游动机量表中的放松分量表中的题项 B4 和自我实现分量表中的题项 B26 存在内部一致性较低的问题，删

---

① 马庆国：《管理统计：数据获取、统计原理与 SPSS 工具与应用研究》，科学出版社 2002 年版。

② Bush，Alan J.，Hair，Joseph F.，Jr.，"An Assessment of The Mall Intercept as A Data Collection Method"，*Journal of Marketing Research*，Vol. 22，No. 2，1985.

③ 吴明隆：《问卷统计分析实物——SPSS 操作与应用》，重庆大学出版社 2010 年版。

除这两个题项后，两个分量表的 Cronbach's α 值得到了显著提高。相应的，城镇老年人消费价值观与旅游动机量表的题项分别减至 18 题和 33 题。

表 5 - 3　　　　　　　　　　消费价值观变量的信度测量结果

维度	务实节俭	面子形象	中庸从众	独立自主	物质享受	情感归属	谨慎保守
α 值	0.710	0.740	0.742	0.770	0.516	0.587	0.618

表 5 - 4　　　　　　　　　　旅游动机变量的信度测量结果

维度	新奇	放松	关系强化	独立自主	自然	自我发展 I	刺激	自我发展 II	关系（安全感）	自我实现	怀旧	认同
α 值	0.700	0.685	0.582	0.749	0.755	0.761	0.863	0.799	0.610	0.729	0.644	0.808

注：自我发展 I：自我发展（目的地涉入）；自我发展 II：自我发展（个人发展）

其次，对消费价值观变量和旅游动机变量分别进行因子分析（采用主成分分析法和方差最大正交旋转法）。根据以下原则保留题项：（1）特征值大于 1；（2）共同度大于 0.5；（3）因子负荷值不小于 0.4。对消费价值观量表的测项获得的数据进行因子分析，Bartlett 球形检验的统计量为 390，显著性水平 < 0.05，KMO 值为 0.796，说明适合进行因子分析。经过多轮因子分析，消费价值观量表维持保留 18 个题项。对旅游动机量表的测项获得的数据进行因子分析，Bartlett 球形检验的统计量为 1716，显著性水平 < 0.05，KMO 值为 0.784，说明适合进行因子分析。经过多轮因子分析，自我发展（个人发展）维度的 3 个题项全部剔除后，得到区分性较好的因子结构。由此，修订后的城镇老年人旅游动机量表包含 32 个题项。

通过以上分析，我们将城镇老年人消费价值观量表和旅游动机量表分别进行了信度和效度的检验。根据对效度的判断标准以及在对测量题项删减时不降低信度为原则的前提下，我们对量表进行了相应的调整，调整后在统计意义上比较令人满意。同时，根据专家意见和调研对象反馈结果，对量表部分题项进行了表述上的润色与调整，提高题项准确、恰当的表述。经过上述调整之后，各方面数据分析都表明，量表具有可接受的内部一致性信度、收敛效度和判别效度，适合城镇老龄群体旅游消费行为调查情境。最终，通过预调研提高了初始量表的质量，确定了包含 18 个题项的消费价值观量表和 32 个题项的旅游动机量表，在此基础上，最终确定正式调研问卷（附录 A）。

二 探索性因子分析

为提炼消费价值观量表和旅游动机量表的结构组成，分别对 18 个消费价值观测量题项和 32 个旅游动机测量题项进行探索性因子分析。首先对正式调研的数据进行 KMO 样本充足度测量和 Bartlett 球形检验，判断数据是否适合进行因子分析。表 5 - 5 显示，消费价值观量表的 KMO 值为 0.840（>0.7），旅游动机量表的 KMO 值为 0.874，表明测量题项的内部相关性良好。两个量表的 Bartlett 球形检验结果显著，说明测量矩阵内部至少有部分是显著相关的[①]。由此可知问卷数据适合进行探索性因子分析，消费价值观与旅游动机因子分析结果能很好地解释变量之间的关系。最终采用方差最大旋转的主成分分析来获取量表背后潜在的因子结构。

表 5 - 5   KMO 和 Bartlett 检验结果

量表	KMO	Bartlett 球形检验		
		近似卡方	df	Sig.
消费价值观	0.840	1296.234	153	0.000
旅游动机	0.874	2837.327	406	0.000

1. 消费价值观量表探索性因子分析

根据量表的信度检验原则，删除 3 个原始题项，在特征值大于 1 的条件下，得到 7 个潜在的消费价值观维度，按最初的理论假设汇聚得很好，结果显示，这 7 个因子构建的测量结构解释了 80.438% 的总方差。美国著名的市场营销研究专家 Malhotra[②] 认为累计方差解释贡献率最好大于

---

① Hair, J. F., Jr., A., R. E., Tatham, R. L., Black, W. C., *Multivariate Data Analysis*, Upper Saddle River, NJ: Prentice Hall, 2002.

② Manoj K. Malhotra, SubhashSharma, Satish S. Nair, "Decision Making Using Multiple Models", *European Journal of Operational Research*, Vol. 114, No. 1, 1999.

60%。消费价值观变量的最后项目以及旋转后的因子载荷，如表5－6所示。

表5－6　　　　　　　　　　消费价值观变量因子载荷

题项	务实节俭	独立自主	中庸从众	面子形象	情感归属	谨慎保守	物质享受
C2	0.836	0.028	0.037	－0.095	0.086	0.090	0.023
C3	0.825	0.177	0.166	0.200	－0.136	0.050	0.344
C1	0.750	－0.068	－0.053	0.059	0.183	0.175	0.333
C8	0.027	0.783	0.193	0.079	0.053	0.277	0.172
C9	0.054	0.781	－0.069	0.136	0.109	0.160	0.038
C6	0.056	－0.099	0.867	－0.075	0.130	0.042	0.125
C7	0.336	0.174	0.737	0.334	0.311	0.009	0.094
C4	0.212	0.269	－0.012	0.737	0.040	0.089	0.077
C5	0.296	0.242	－0.053	0.666	0.362	0.125	0.165
C15	0.148	0.206	0.134	0.157	0.837	0.110	－0.005
C14	0.188	0.278	0.088	0.112	0.638	0.025	－0.082
C18	0.137	0.383	0.033	0.011	－0.017	0.894	0.149
C17	0.196	0.090	0.134	0.075	0.035	0.744	0.388
C11	0.028	0.053	0.311	0.034	0.140	0.142	0.831
C10	0.016	0.208	0.318	0.219	0.455	0.227	0.727
特征值	6.498	5.175	3.551	2.514	2.160	1.603	1.296
方差贡献率（%）	36.101	17.637	8.618	5.521	4.617	4.437	3.598

从 Cronbach's α 系数、量表题项—总相关度检验及删除题项后 Cronbach's α 系数的变化三个方面反映 7 个因子的内部一致性。用 Cronbach's α 系数来反映因子内部的一致性，通常认为 α 系数大于 0.70 是可靠的[1]。信度检验结果如表5－7所示，消费价值观 7 个潜在因子维度

---

[1] Ryan, C., *Researching Tourist Satisfaction：Issues, Concepts, Problems*, London：Routledge, 1995；Veal, A. J., *Research Methods for Leisure and Tourism*, London：Financial Times, Prentice Hall, 1997.

中，α 系数均大于 0.70，说明消费价值观的因子维度内部一致性很强，删除题项后信度并没有很大变化。上述检验进一步说明消费价值观量表的内部一致性、可靠性和稳定性很强，表明旅游情境下城镇老龄群体消费价值观问卷的内在结构可以接受。

表 5 - 7　　　　　　　　　　消费价值观变量的信度分析

题项	CITC	项已删除的 Cronbach's α 值
因子 1：务实节俭（Cronbach's α = 0.857）		
C1	0.748	0.782
C2	0.757	0.775
C3	0.686	0.839
因子 2：独立自主（Cronbach's α = 0.778）		
C8	0.639	—
C9	0.639	—
因子 3：中庸从众（Cronbach's α = 0.819）		
C6	0.694	—
C7	0.694	—
因子 4：面子形象（Cronbach's α = 0.786）		
C4	0.648	—
C5	0.648	—
因子 5：情感归属（Cronbach's α = 0.870）		
C14	0.774	—
C15	0.774	—
因子 6：谨慎保守（Cronbach's α = 0.714）		
C17	0.555	—
C18	0.555	—
因子 7：物质享受（Cronbach's α = 0.760）		
C10	0.614	—
C11	0.614	—

从探索性因子分析的结果中可以看出，旅游情境下城镇老年人消费价值观结构由务实节俭、独立自主、中庸从众、面子形象、情感归属、谨慎保守和物质享受 7 个维度构成。

2. 旅游动机量表探索性因子分析

根据以上原则，删除了 3 个原始题项，在特征值大于 1 的条件下，得到 11 个潜在旅游动机维度，这 11 个维度构建的测量结构解释了 80.438% 的总方差。旅游动机变量的最后项目以及旋转后的因子载荷，如表 5 - 8 所示。

表 5 - 8　　　　　　　　　　旅游动机变量因子载荷

题项	认同	自然	关系强化	刺激	自我实现	自我发展	怀旧	独立自主	新奇	关系（安全感）	放松
B31	0.894	0.050	0.166	0.134	0.130	0.040	0.178	0.101	0.201	0.139	0.097
B30	0.864	0.045	0.068	0.039	-0.006	0.123	0.062	0.287	0.222	0.030	0.122
B29	0.859	0.025	0.052	0.132	-0.090	0.123	0.105	0.204	0.071	0.200	0.174
B32	0.701	0.191	0.023	0.220	0.091	0.117	0.035	0.003	-0.009	0.116	-0.011
B12	0.135	0.893	0.235	0.191	0.092	0.055	0.107	0.078	0.052	0.147	0.160
B13	0.268	0.844	0.020	0.095	-0.205	0.066	0.065	0.033	0.048	0.118	-0.100
B11	0.214	0.811	-0.029	0.057	0.483	0.027	0.228	0.072	0.222	0.145	0.206
B6	0.249	0.084	0.857	0.035	0.040	0.301	0.060	0.004	0.070	0.169	0.046
B7	0.149	0.296	0.767	0.194	0.049	-0.009	0.096	0.167	0.193	-0.079	0.101
B8	0.175	-0.041	0.748	0.117	0.041	0.216	0.098	0.115	0.055	0.247	0.019
B18	0.085	0.174	-0.021	0.833	0.146	-0.023	-0.012	-0.034	0.088	0.156	0.120
B20	0.033	0.103	0.198	0.756	0.065	0.318	0.275	0.124	0.185	0.070	0.014
B19	0.100	0.058	0.170	0.753	-0.061	0.054	0.256	0.298	0.138	0.147	0.362
B25	0.130	0.272	0.030	0.306	0.686	-0.058	0.289	0.246	0.209	0.116	0.382
B26	0.115	0.235	0.169	0.084	0.646	0.069	0.123	0.131	0.098	0.217	0.114
B24	0.073	0.345	0.103	0.169	0.538	0.061	0.108	0.140	0.144	0.108	0.161
B15	0.015	0.163	0.111	0.093	-0.193	0.737	0.157	0.137	0.413	-0.033	0.049
B17	0.232	0.165	0.174	-0.008	0.045	0.717	0.122	0.196	0.076	0.189	0.303
B16	0.041	0.293	0.095	0.030	0.064	0.549	0.124	0.332	0.158	0.191	0.138
B27	0.301	0.175	0.104	0.286	0.062	0.026	0.840	0.130	0.195	0.282	0.175

续表

题项	认同	自然	关系强化	刺激	自我实现	自我发展	怀旧	独立自主	新奇	关系（安全感）	放松
B28	0.105	0.369	0.265	0.326	0.043	0.256	0.795	0.116	0.384	0.181	0.245
B10	0.068	0.146	0.147	0.158	-0.036	0.069	0.103	0.851	0.237	0.263	0.096
B9	-0.030	0.189	0.240	0.072	0.060	0.124	0.106	0.750	0.123	0.188	0.090
B1	0.106	0.225	0.208	0.258	-0.053	0.165	0.230	0.208	0.801	0.030	0.466
B2	0.202	0.343	0.149	-0.059	0.072	0.253	-0.040	0.145	0.783	0.146	0.082
B22	0.222	0.408	0.211	-0.015	0.081	0.041	0.105	0.414	0.154	0.800	0.099
B23	0.076	0.242	0.381	0.318	-0.030	-0.011	0.122	0.135	0.013	0.783	-0.042
B5	0.053	0.095	-0.021	0.415	0.108	0.233	0.246	0.041	0.048	0.225	0.686
B3	0.084	0.001	0.184	0.222	0.138	0.262	0.219	0.189	0.100	0.158	0.631
特征值	3.363	3.360	2.769	2.621	2.166	2.141	2.079	1.992	1.801	1.729	1.622
方差贡献率（%）	40.816	10.845	6.375	5.806	5.111	3.881	3.334	2.996	2.420	2.127	1.950

信度检验结果如表5-9所示，旅游动机11个潜在因子维度中，α系数均大于0.70，说明旅游动机因子维度的内部一致性很强，删除题项后信度并没有很大变化。上述检验进一步说明旅游动机量表的内部一致性、可靠性和稳定性很强，表明城镇老龄群体旅游动机问卷的内在结构可以接受。

表5-9　　　　　　　　　旅游动机变量的信度分析

题项	CITC	项已删除的 Cronbach's α 值
因子1：认同（Cronbach's α = 0.904）		
B29	0.701	0.889
B30	0.846	0.854
B31	0.875	0.845
B32	0.730	0.878

续表

题项	CITC	项已删除的 Cronbach's α 值
因子2：自然（Cronbach's α = 0.931）		
B11	0.861	0.898
B12	0.873	0.890
B13	0.846	0.913
因子3：关系强化（Cronbach's α = 0.807）		
B6	0.706	0.683
B7	0.696	0.699
B8	0.574	0.786
因子4：刺激（Cronbach's α = 0.845）		
B18	0.776	0.720
B19	0.655	0.837
B20	0.709	0.787
因子5：自我实现（Cronbach's α = 0.861）		
B24	0.722	0.819
B25	0.807	0.737
B26	0.684	0.851
因子6：自我发展（Cronbach's α = 0.807）		
B15	0.700	0.686
B16	0.539	0.747
B17	0.734	0.648
因子7：怀旧（Cronbach's α = 0.871）		
B27	0.772	—
B28	0.772	—
因子8：独立自主（Cronbach's α = 0.845）		
B9	0.732	—
B10	0.732	—
因子9：新奇（Cronbach's α = 0.809）		
B1	0.682	—
B2	0.682	—

题项	CITC	项已删除的 Cronbach's α 值
因子 10：关系（安全感）（Cronbach's α = 0.803）		
B23	0.672	—
B24	0.672	—
因子 11：放松（Cronbach's α = 0.839）		
B3	0.723	—
B5	0.723	—

从探索性因子分析的结果中可以看出，城镇老年人旅游动机结构由认同、自然、关系强化、刺激、自我实现、自我发展、怀旧、独立自主、新奇、关系（安全感）和放松 11 个维度构成。

第四节　研究变量与方法

一　研究变量

1. 因变量

旅游消费行为包括旅游前消费决策、旅游消费水平和旅游后消费评估三个方面。其中，旅游前消费决策由游伴选择、出游方式和旅游偏好三个变量衡量。旅游消费水平由目的地选择、旅游花费两个变量衡量。由出游频次变量衡量旅游后消费评估。

2. 自变量

自变量包括消费价值观与旅游动机两个变量。根据文献成果和理论假设以及结构测量，消费价值观由 7 个维度构成，具体指标设计如下：（1）务实节俭：具体测量条目为"花钱要实在，不花冤枉钱""买东西主要看是否实用""无论有钱没钱，生活都要节俭"。（2）独立自主：具体测量条目为"人应该不断发展和完善自己""我希望选择自己的生活方式和消费方式"。（3）中庸从众：具体测量条目为"买东西时，跟着多数人选择是不会有错的""消费行为应与大家保持一致"。（4）面子形象：具体测量条目为"买什么，买多少不能让人看不起""消费要能提升自己在他人心目中的形象"。（5）情感归属：具体测量条目为"我觉得跟有共同爱好的朋友在一起是一种享受""我觉得跟亲人在一起的时光是最幸福的"。（6）谨慎保守：具体测量条目为"我宁愿坚持购买一个熟悉的品牌，也不愿尝试那些不了解的品牌""我不会购买很新奇的产品"。（7）物质享受：具体测量条目为"人活着就应该充分享受生活""能挣会花才是现代人的生活方式"。

旅游动机由 11 个维度构成，具体指标设计如下：（1）认同：具体测量条目为"告诉别人自己的旅游经历""让别人知道自己的能力和勇气""得到别人的认可""感受周围其他人的羡慕"。（2）自然：具体测量条目为"欣赏自然风景""更好地享受自然""贴近自然"。（3）关系强化：具体测量条目为"与家人朋友一起做事""增强与家人或身边其他人之间的关系""与同事或身边的其他人一起做事"。（4）刺激：具体测量条目为"接触新鲜刺激的东西""探索未知事物""体验时尚潮流的场所"。（5）自我实现：具体测量条目为"更好地认识自己""对生活有新的认识""丰富内心精神世界"。（6）自我发展：具体测量条目为"认识各种不同的人""增加自己对旅游地的了解""与当地人交流"。（7）怀旧：具体测量条目为"回忆过去的美好时光""寻找过去的记忆"。（8）独立自主：具体测量条目为"根据自己的需要安排""用自己的方式做事"。（9）新奇：具体测量条目为"寻找乐趣""体验不同的事物"。（10）关系（安全感）：具体测量条目为"有需要的时候身边随时有人""寻找归属感"。（11）逃离/放松：具体测量条目为"休息和放松""享受自由自在的时间"。

二　研究方法

主要运用多分类 Logistic 回归模型（multinomial logistic model）实证检验消费价值观、旅游动机因素对旅游消费行为的影响。多分类 Logistic 回归模型属于非线性模型，是研究多分类因变量与多个影响因素之间相互关系的一种多变量分析方法①。多分类 Logistic 回归模型对于变量的假设要求不高，以事件发生概率的形式提供结果，以此判断某事件相对于参照事件的发生概率②。对于自变量是连续型变量或计数型变量，且因变量每个

---

① 吴翔华、虞敏敏、左龙：《外来务工人员住房保障意愿研究——基于南京市外来务工人员调研》，《调研世界》2015 年第 7 期。

② 卢纹岱：《SPSS 统计分析》，电子工业出版社 2011 年版。

取值的概率范围均为 0—1 的情况，都可以用 Logistic 回归方法对因变量的概率取值建立回归模型。设因变量有 j 个取值水平，以其中一个取值水平作为参照，可以对其他 $j-1$ 个水平，各做一个回归方程[①]。因变量取第 i 个水平时的 Logistic 回归模型设为：

$$y_i = \ln(\frac{p_i}{p_m}) = \beta_0 + \sum_{j=1}^{n} \beta_j x_j$$

式中，p_i 为事件 y_i 发生的概率，p_m 为参照事件 y_m 发生的概率，β_0 为截距，β_j 为回归系数。这样，对于建立的每一个 Logistic 模型都将获得一组回归系数。由于 Logistic 回归是非线性模型，因此极大似然是其最常用的估计法[②]，通过极大似然估计（Maximum Likelihood Estimation，MLE）使因变量观察次数的概率极大化，进而得到自变量参数的最佳估计值[③]。根据研究内容，分别将出游频次、出游方式、游伴、旅游偏好、目的地选择和旅游花费设为因变量，将影响城镇老龄群体旅游消费行为的消费价值观因素、旅游动机因素设为自变量。

第五节　城镇老年人旅游消费行为影响因素解析

首先采用 Pearson 相关分析法描述城镇老年人旅游消费行为因变量与自变量均值以及相关关系，如表 5-10、表 5-11 所示。消费价值观各变量中，情感归属、务实节俭和独立自主均值相对较高，均值分别为 4.17、4.09、4.03，中庸从众和面子形象相对较低，均值分别为 2.64、2.54。旅游动机各变量中，自然和放松均值相对最高，分别为 4.29、4.19，其他维度均值分布相对均匀。相关系数显示，消费价值观、旅游动机、旅游消费行为存在较高的相关性。在消费价值观各变量中，旅游消费行为与务实节俭相关性最强，与其他变量之间存在一定且显著的相关关系，这与变量的内在含义是分不开的。旅游动机与旅游消费行为的相关性较强。相关性分析初步表明旅游消费行为是一个复杂的问题，其和城镇老年群体对事物的看法紧密相连。由此，可以看出，城镇老年群体消费价值观、旅游动机和旅游消费行为变量是紧密相关的。

---

① 杜强、贾丽艳、严先锋：《SPSS 统计分析：从入门到精通》，人民邮电出版社 2014 年版。
② 王济川、郭志刚：《Logistic 回归模型——方法与应用》，高等教育出版社 2001 年版。
③ 吴明隆：《问卷统计分析实物——SPSS 操作与应用》，重庆大学出版社 2010 年版。

表5-10

消费价值观变量与旅游消费行为变量的相关分析

	X_1	X_2	X_3	X_4	X_5	X_6	X_7	Y_1	Y_2	Y_3	Y_4	Y_5	Y_6
M	4.09	2.54	2.64	4.03	3.87	4.17	3.13	1.94	1.87	3.07	1.87	1.59	3.53
S	0.69	0.94	0.89	0.71	0.74	0.69	0.83	1.03	0.76	0.95	0.91	0.78	1.66
X_1	1												
X_2	-0.033	1											
X_3	0.020	0.632**	1										
X_4	0.476**	-0.117*	-0.072	1									
X_5	0.359**	0.072	0.086	0.583**	1								
X_6	0.457**	-0.057	-0.019	0.524**	0.499**	1							
X_7	0.208**	0.280**	0.309**	0.140**	0.154**	0.157**	1						
Y_1	-0.073*	0.028*	0.073**	0.062	0.073**	0.022	-0.033	1					
Y_2	-0.027*	-0.022	-0.035**	-0.014	-0.014	-0.034**	-0.021	0.061	1				
Y_3	0.099*	-0.022	-0.026	0.104*	0.103*	0.144**	-0.014	0.054	0.061	1			
Y_4	-0.160*	0.113*	0.067	-0.057	-0.018	-0.070	-0.005	-0.047	0.031	0.037	1		
Y_5	-0.009	0.045	0.082	-0.008	-0.038	-0.019	0.108*	-0.099*	0.080	0.028	0.039	1	
Y_6	-0.152**	-0.104*	-0.069	0.054**	0.048**	-0.023	-0.107*	0.036	-0.137*	-0.097	0.035	-0.436**	1

注：(1) 符号含义：M表示均值，S表示标准差，X_1、X_2、X_3、X_4、X_5、X_6、X_7分别表示务实节俭、面子形象、中庸从众、独立自主、物质享受、情感归属和谨慎保守，Y_1、Y_2、Y_3、Y_4、Y_5、Y_6分别表示出游频次、出游方式、游伴、旅游偏好、目的地选择和旅游花费；(2) **、*分别表示在1%和5%水平上显著。

表 5 - 11

旅游动机自变量与旅游消费行为变量的相关分析

	X_8	X_9	X_{10}	X_{11}	X_{12}	X_{13}	X_{14}	X_{15}	X_{16}	X_{17}	X_{18}	Y_1	Y_2	Y_3	Y_4	Y_5	Y_6
M	3.88	4.19	3.77	3.93	4.29	3.66	3.43	3.41	3.85	3.68	3.14	1.94	1.87	3.07	1.87	1.59	3.53
S	0.79	0.75	0.78	0.77	0.70	0.77	0.82	0.82	0.71	0.88	0.94	1.03	0.76	0.95	0.91	0.78	1.66
X_8	1																
X_9	0.590**	1															
X_{10}	0.341**	0.445**	1														
X_{11}	0.450**	0.532**	0.419**	1													
X_{12}	0.469**	0.575**	0.354**	0.529**	1												
X_{13}	0.464**	0.492**	0.476**	0.410**	0.469**	1											
X_{14}	0.362**	0.294**	0.280**	0.292**	0.253**	0.544**	1										
X_{15}	0.222**	0.326**	0.351**	0.216**	0.179**	0.414**	0.360**	1									
X_{16}	0.465**	0.555**	0.438**	0.450**	0.443**	0.523**	0.394**	0.528**	1								
X_{17}	0.281**	0.345**	0.421**	0.282**	0.298**	0.384**	0.218**	0.390**	0.498**	1							
X_{18}	0.115*	0.118**	0.340**	0.101**	0.111**	0.336**	0.303**	0.444**	0.330**	0.430**	1						
Y_1	0.088*	0.039	0.032	0.063	0.090*	0.052	0.118*	0.031	0.122*	0.076	0.077*	1					
Y_2	-0.022	-0.082	0.106**	-0.034	-0.038	-0.005	0.002	0.106**	-0.062	-0.095	-0.039	0.069	1				
Y_3	0.147**	0.089	0.137**	0.082	0.089	0.168**	0.117**	0.152**	0.084	0.098	0.051	0.054	0.061	1			
Y_4	0.093*	-0.146**	-0.004	-0.045	-0.242**	0.159**	-0.008	0.071	0.011	0.129*	0.126*	-0.047	0.031	0.037	1		
Y_5	-0.011	-0.053	0.083	-0.021	-0.051	-0.036	-0.022	0.078	-0.019	-0.024	0.023	-0.099*	0.080	0.028	0.039	1	
Y_6	0.004	0.060	-0.058	0.120*	0.015	-0.029	-0.009	-0.132*	-0.006	-0.036	-0.079	0.036	-0.137*	-0.097	0.035	-0.436*	1

注：(1) 符号含义：M 表示均值，S 表示标准差，X_8、X_9、X_{10}、X_{11}、X_{12}、X_{13}、X_{14}、X_{15}、X_{16}、X_{17}、X_{18}分别表示新奇、放松、关系强化、自然、自我发展、刺激、关系（安全感）、自我实现、怀旧和认同，Y_1、Y_2、Y_3、Y_4、Y_5、Y_6分别表示出游频次、游伴、出游方式、目的地选择和旅游花费；(2) **、*分别表示在1%和5%水平上显著。

表 5－12　旅游消费行为对消费价值观和旅游动机的 OLS 回归分析结果

自变量	出游方式		游伴		旅游偏好		目的地选择		旅游花费		出游频次	
	系数	t 值	系数	t 值	系数	t 值	系数	t 值	系数	t 值	系数	t 值
R^2	—	0.124	—	0.127	—	0.199	—	0.098	—	0.247	—	0.104
调整 R^2	—	-0.080	—	0.102	—	0.137	—	0.063	—	0.228	—	0.092
显著性	—	0.000	—	0.000	—	0.000	—	0.000	—	0.000	—	0.005
务实节俭	0.026	0.395	0.049	0.772	-0.118*	-1.916	0.006	0.094	-0.132**	-2.072	-0.094*	-1.467
面子形象	-0.040	-0.543	0.005	0.064	0.134*	1.929	-0.041	-0.563	-0.050	-0.705	0.107	1.491
中庸从众	-0.012*	-1.178	-0.043	-0.636	-0.015	-0.237	0.059	0.870	-0.006	-0.097	-0.120	-1.784
独立自主	0.029	0.389	0.011	0.149	0.059*	1.820	0.066	0.891	0.052**	2.711	0.027	0.363
物质享受	0.036	0.529	0.031	0.452	0.073	1.107	-0.042	-0.608	0.047**	2.692	0.006*	1.082
情感归属	-0.037	-0.511	0.097*	1.369	0.008	0.116	-0.026	-0.368	-0.033	-0.473	-0.041	-0.578
谨慎保守	-0.011	-0.187	-0.049	-0.887	-0.020	-0.378	0.094*	1.674	-0.048*	-2.865	-0.072	-1.295
新奇	0.030	0.438	0.110	1.624	0.016*	2.238	0.044	0.647	-0.069	-1.021	0.048	0.706
放松	-0.129	-1.636	-0.074	-0.951	0.110**	3.476	-0.103	-1.327	0.132*	1.715	-0.042	-0.540
关系强化	0.074	1.107	0.086	1.302	0.056	0.880	0.155**	2.347	-0.092	-1.417	-0.014	-0.208
独立自主	-0.017	-0.254	-0.028	-0.419	0.110*	1.688	-0.013	-0.185	0.186***	2.793	0.023	0.336
自然	0.001	0.015	-0.053	-0.740	0.309***	4.437	-0.018	-0.245	-0.053	-0.741	0.089	1.235
自我发展	0.048	0.640	0.108	1.471	0.019*	1.270	-0.082	-1.111	-0.010	-0.131	-0.049	-0.669
刺激	-0.001	0.018	0.032	0.503	-0.028	-0.456	-0.011	-0.167	0.005	0.071	0.075	1.179
关系（安全感）	-0.087	1.298	-0.030*	-1.447	0.068	1.070	0.128*	1.922	-0.153**	-2.334	-0.047	-0.709
自我实现	-0.064	-0.797	-0.084	-1.068	0.130*	1.710	-0.042	-0.536	0.024	0.313	0.137	1.739
怀旧	-0.101	-1.569	0.048	0.756	-0.034	-0.558	-0.058	-0.909	0.004	0.060	0.014	0.225
认同	-0.024	-0.345	-0.002	-0.033	0.071*	1.095	-0.028	-0.405	0.010	0.148	0.059	0.876

注：（1）系数为标准化回归系数；（2）***、**、* 分别表示在 1%、5% 和 10% 水平上显著。

运用 OLS 回归对城镇老年人旅游消费行为影响因素进行初步检验，回归结果如表 5-12 所示。旅游消费行为包含不同的自变量回归方程均具有显著性意义，但自变量对各因变量的有效解释程度有所差异，消费价值观和旅游动机各维度变量有效解释旅游花费和旅游偏好的比例最高，分别为 24.7%、19.9%，对出游方式和游伴的解释比例较为相近，分别为 12.4%、12.7%，对目的地选择和出游频次的解释比例相对较弱，分别为 9.8%、10.4%。OLS 回归结果显示，消费价值观各维度变量对旅游消费行为各因变量影响的显著性程度和方向存在差异，旅游动机各变量中，刺激和怀旧维度对旅游消费行为影响作用不显著，其他各变量对旅游偏好和旅游花费具有显著影响。上述分析为进一步运用多分类 Logistic 回归模型进行检验提供参考。

下面将运用多分类 Logistic 回归方法，探讨消费价值观因素、旅游动机因素对旅游消费行为的影响。根据研究选用模型，采用 SPSS 20.0 软件进行多分类 Logistic 回归分析。

一　游伴选择影响因素

城镇老年人旅游游伴选择分为 4 类：独自出行、与子女同行、夫妻同行及与亲友或同事同行，多分类 Logistic 回归分析将以独自出行作为参考类别。

1. 模型拟合检验

首先，对模型整体拟合进行检验，即对模型中所有自变量偏回归系数是否全为 0 进行似然比检验①。拟合结果表明，模型中只包含截距项（其他参数系数全为 0）时，-2 倍对数似然值为 303.118，引入自变量后下降到 231.642，卡方检验结果在 0.01 的显著性水平上显著，说明最终模型优于只含截距项的模型，即最终模型显著成立。其次，检验最终模型中所有自变量的各自效应的似然比，零假设为某效应从模型中剔除后系数没有变化，表 5-13 是似然比检验结果，从模型检验结果看，情感归属、安全感、怀旧 3 个自变量的卡方检验的 *Sig.* 值都小于 0.05，故不能否定零假设，即 3 个自变量产生的效应对系数的影响显著，不能被剔除。

---

① 唐佳、李君轶：《基于多分 Logistic 回归的旅游局官博转发影响因素研究》，《旅游学刊》2015 年第 1 期。

表 5 – 13　　　　　　　　游伴选择模型似然比回归检验结果

自变量	模型拟合标准	似然比检验		
	– 2 倍对数似然值	卡方	df	Sig.
截距	231. 642	0. 000	0	0. 000
情感归属	232. 765	9. 747	3	0. 019
安全感	245. 780	14. 138	3	0. 003
怀旧	242. 746	11. 104	3	0. 011

2. 参数估计结果

表 5 – 14 是最终模型的参数估计结果。估计结果可以与独自出行行为相比较，不同因素在显著性水平上对不同游伴选择行为的作用程度和作用方向存在差异。为了进一步说明模型回归的结果，模型估计结果省略了不显著的变量，仅列出了显著性水平 Sig. 小于 0.1 的变量（下同）。

表 5 – 14　　　游伴选择模型参数估计结果（参考类别：独自出行）

因变量	自变量	B	Sig.	Exp（B）
与子女同行	情感归属	1. 825	0. 005	2. 281
	关系强化	0. 476	0. 057	1. 610
	自我发展	1. 902	0. 027	2. 759
夫妻同行	情感归属	1. 891	0. 003	2. 465
	放松	1. 030	0. 034	2. 801
	关系强化	1. 061	0. 017	2. 888
	自然	– 0. 769	0. 046	0. 464
	自我发展	1. 801	0. 025	2. 055
与亲友或同事同行	情感归属	1. 955	0. 001	3. 174
	关系强化	0. 873	0. 025	2. 393
	自我发展	1. 373	0. 028	2. 648

从模型的整体回归参数估计结果来看，城镇老年人消费价值观维度中情感归属对游伴选择有显著影响。相对于选择独自出行，老年旅游者对游伴的选择存在显著的情感归属，这种影响表现在情感归属消费观越强的老

年旅游者选择与亲友或同事同行、夫妻同行、与子女同行的可能性显著高于独自出行的旅游者，情感归属感强的旅游者选择结伴出游的概率是独自出行的 2—3 倍 [Exp（B）值分别为 3.174、2.465、2.281, *Sig.* 值分别为 0.001、0.003、0.005]。表明情感归属强的城镇老年旅游者，更倾向于选择结伴出游，选择与亲友或同事同行、夫妻同行或与子女同行（B = 1.955、B = 1.891、B = 1.825），相对而言，选择独立出行的概率较小。这说明城镇老年旅游者期望通过结伴旅游，选择与子女同行或夫妻同行旅游实现家庭情感的归宿，旅游已成为家庭情感沟通的重要方式。

旅游动机维度中关系强化、自我发展、放松和自然对游伴选择有一定影响。关系强化动机和自我发展动机越强的城镇老龄化群体旅游者，选择与子女同行、夫妻同行还是与亲友或同事同行的概率显著高于选择独自出行。说明老年旅游者希望借助旅游来促进亲情和友情，尤其是选择与子女同行或夫妻同行，将家庭成员从日常生活中解脱出来，有助于家庭成员关系的改进，增加家庭凝聚力。放松动机和自然动机对选择独自出行还是夫妻同行有显著影响，放松动机和自然动机越强的中老年旅游者，偏向于独自出行。

总体来看，对于选择不同游伴，各因素影响作用的大小有所不同。比较选择独自出行和与子女同行、夫妻同行、与亲友或同事同行，由参数估计结果可知，其影响程度排序都为：情感归属 > 自我发展 > 关系强化，且均为正向影响，其中，消费价值观的情感归属维度的影响作用最大。比较选择独立出行和夫妻同行，放松动机和自然动机对游伴选择有消极影响。

二　出游方式影响因素

对模型整体拟合进行检验，拟合结果显示，卡方检验结果在 0.1 的显著性水平上不显著，未通过检验，说明引入自变量的最终模型不成立。检验最终模型中所有自变量的各自效应的似然比，从模型检验结果看，所有自变量的卡方检验的 *Sig.* 值都大于 0.1，因此，消费价值观各维度变量和旅游动机各维度变量都没有进入回归方程，说明消费价值观各变量和旅游动机各变量对出游方式没有显著影响。可能对于城镇老年旅游者来说，消费价值观和旅游动机并不是影响出游方式的主要原因。

三　旅游偏好影响因素

城镇老年人旅游偏好分为 4 类：自然风光类、休闲疗养类、历史文化类和活动类，以自然风光类作为参考类别。

1. 模型拟合检验

从模型似然比检验结果来看，-2 倍对数似然值为 284.666，引入自变量后下降到 215.524，卡方检验结果在 0.01 的显著性水平上显著，说明最终模型显著成立。表 5-15 显示，面子形象和自然动机的卡方检验的 *Sig.* 值小于 0.05，故不能否定零假设，其产生的效应对系数的影响是显著的，不能被剔除。

表 5-15　　　　　　旅游偏好模型似然比回归检验结果

自变量	模型拟合标准	似然比检验		
	-2 倍对数似然值	卡方	*df*	*Sig.*
截距	215.524	0.000	0	0.000
面子形象	211.907	17.727	3	0.001
自然	218.513	24.332	3	0.000

2. 参数估计结果

表 5-16 是最终模型的参数估计结果，估计结果可以与自然风光类相比较。

表 5-16　　旅游偏好模型参数估计结果（参考类别：自然风光类）

因变量	自变量	B	*Sig.*	Exp（B）
休闲疗养类	物质享受	1.282	0.019	3.604
	自然	-1.242	0.000	0.289
历史文化类	务实节俭	-0.579	0.018	0.506
	放松	-0.278	0.083	0.757
	独立自主	0.406	0.049	1.994
	自然	-1.244	0.058	0.288
	自我实现	1.345	0.081	2.837
活动类	面子形象	0.792	0.045	2.253
	自然	-1.302	0.011	0.237

消费价值观维度的物质享受、务实节俭和面子形象以及旅游动机维度的自然、放松、独立自主和自我实现对城镇老年人旅游偏好有较显著影响，但其作用强度和方向有所差异。从模型的整体回归参数估计结果来看，首先，以自然风光类旅游偏好为参考类别而言，分析休闲疗养类旅游偏好。物质享受的消费价值观在 0.05 的显著性水平上（Sig. = 0.019）对休闲疗养类旅游偏好显著，即受物质享受价值观影响相对较强的城镇中老年旅游者偏好休闲疗养类旅游的概率高于选择自然风光类的老年旅游者，约是 4 倍，也就是说，同样条件不变的情况下，物质享受价值观越强的老年旅游者更偏好于休闲疗养类旅游。相对而言，在 0.05 的显著性水平上，自然动机更为显著，说明偏好于选择自然风光类旅游更大程度上是受到享受自然的旅游动机的影响（B = -1.242）。其次，以自然风光类的旅游偏好为参考类别，分析历史文化类的旅游偏好。在 0.1 的显著性水平上，务实节俭的消费价值观以及放松动机对因变量产生显著影响（Sig. = 0.018 和 Sig. = 0.083），但务实节俭观念越强以及更倾向于休息放松动机的老年旅游者更偏好于自然风光类旅游（B = -0.579 和 B = -0.278）。而独立自主和自我实现动机对旅游偏好也有显著影响，独立自主和自我实现动机越强的旅游者，偏好历史文化类旅游的概率是自然风光类旅游的 2 倍左右。黎筱筱等[1]研究显示了老年群体对周围环境的态度发生了由朝向外部世界转而朝向内部世界的转变，物质享受变得相对次要，内心世界的丰富与平和相对变得更加重要，对旅游产品更偏好于对丰富内心的精神体验，因此更倾向于历史积淀丰富和文化底蕴深厚的历史文化类旅游。最后，以自然风光类为参考类别，分析包括购物在内的活动类的旅游偏好，在 0.05 的显著性水平上，面子形象对因变量产生显著影响（Sig. = 0.045），面子形象越强的旅游者，偏好活动类的概率是自然风光类旅游的 2 倍。Redding 和 Ng[2]认为"面子"是解释中国人消费行为的关键，通过消费，维护自己的"面子"，强化他人对自己的看法，并维护自身的社会地位。旅游消费同样受制于一种能够衡量社会身份认同的标志性"产品"的操纵，人们通过旅游消费活动获得一种新的身份认同[3]。

---

①　黎筱筱、马晓龙：《基于群体心理特征的老年旅游产品谱系构建——以关中地区为例》，《人文地理》2006 年第 1 期。

②　Redding, S. G., & Ng, M., "The Role of 'Face' in the Organizational Perceptions of Chinese Managers", International Studies of Management and Organization, Vol. 13, No. 3, 1983.

③　李怀、程华敏：《旅游消费的社会学解释：传统与前沿》，《兰州大学学报》（社会科学版）2010 年第 3 期。

总体来看，对于不同旅游偏好，各因素影响作用的大小有所不同。对照自然风光类和休闲疗养类之间，物质享受价值观对选择休闲疗养类旅游的影响效应更强。比较自然风光类与历史文化类，主要受到自我实现旅游动机和独立自主旅游动机影响。而面子形象消费观对包括购物在内的活动类旅游的影响更显著。

四　目的地选择影响因素

城镇老年旅游者目的地选择分为 3 种：省外游、省内游和周边游，以周边游作为参考类别。

1. 模型拟合检验

从模型似然比检验结果来看，-2 倍对数似然值为 223.885，引入自变量后下降到 181.462，卡方检验结果在 0.01 的显著性水平上显著，说明最终模型显著成立。表 5-17 是似然比检验结果，谨慎保守、关系强化、刺激与关系（安全感）4 个变量的卡方检验的 *Sig.* 值均小于 0.1，故不能否定零假设，其产生的效应对系数的影响是显著的，不能被剔除，其他变量被剔除。

表 5-17　　　　　　　目的地选择模型似然比回归检验结果

自变量	模型拟合标准	似然比检验		
	-2 倍对数似然值	卡方	*df*	*Sig.*
截距	181.462	0.000	0	0.000
谨慎保守	177.499	3.027	2	0.042
关系强化	176.753	2.282	2	0.085
刺激	177.370	2.899	2	0.061
关系（安全感）	180.520	6.049	2	0.039

2. 参数估计结果

表 5-18 是最终模型的参数估计结果，估计结果可以与周边游相比较。

表 5 - 18　　　　　**目的地选择模型参数估计结果（参考类别：周边游）**

因变量	自变量	B	*Sig.*	Exp（B）
省外游	谨慎保守	− 0.831	0.014	0.435
	关系强化	0.517	0.007	0.362
省内游	谨慎保守	− 0.590	0.031	0.554
	自我发展	0.423	0.062	1.627
	刺激	1.093	0.000	0.409

相对于目的地选择周边游的老年旅游者，谨慎保守、关系强化、自我发展和刺激对目的地选择存在不同程度和方向的影响。从模型的整体回归参数估计结果来看，相对于周边游，谨慎保守越强的城镇老年旅游者，选择周边游的概率显著高于省内游和省外游（*Sig.* = 0.031 和 *Sig.* = 0.014）。旅游动机维度的关系强化、自我发展和刺激对旅游目的地选择影响显著，关系强化动机主要体现在周边游和省外游之间的选择，相对于周边游，关系强化动机越强的旅游者更倾向于选择省外游。以目的地涉入为主要动机的自我发展对旅游目的地选择有显著积极影响，自我发展越强的城镇老年旅游者，选择省内游是周边游的近 2 倍［Exp（B）= 1.627］。

总体来看，对于不同目的地选择，各因素影响作用的大小有所不同。比较周边游和省外游，相对于周边游，省外游距离较远，主要受谨慎保守和关系强化影响，谨慎保守越显著的老年旅游者，省外游的可能性越小，而对于关系强化动机越强的旅游者前往省外游的概率越高。比较周边游和省内游，除了受到谨慎保守的传统消费观念的影响外，还显著受到自我发展动机和刺激动机的影响，尤其是自我发展动机的影响效应更强。总体而言，除上述显著的因素外，以周边游为参考类别时，其他因素对目的地选择没有显著的影响，说明消费价值观和旅游动机对目的地选择的影响作用不够明显。

五　旅游花费影响因素

城镇老年旅游者旅游花费分为 6 类：1000 元以下、1001—2000 元，2001—3000 元、3001—4000 元、4001—5000 元和 5000 元以上，以旅游花费在 5000 元以上作为参考类别。

1. 模型拟合检验

从模型似然比检验结果来看，－2 倍对数似然值为 439.091，引入自变量后下降到 326.885，卡方检验结果在 0.01 的显著性水平上显著，说明可以拒绝所有变量系数均为零的原假设，最终模型显著成立，模型拟合效果较好。表 5-19 是似然比检验结果，务实节俭、面子形象、谨慎保守、关系强化和独立自主 5 个变量的卡方检验的 Sig. 值均小于 0.1，故不能否定零假设，其产生的效应对系数的影响是显著的，不能被剔除，其余变量对旅游花费模型影响不显著，被剔除。

表 5-19　　　　　　　　旅游花费模型似然比回归检验结果

自变量	模型拟合标准	似然比检验		
	－2 倍对数似然值	卡方	df	Sig.
截距	326.885	0.000	0	0.000
务实节俭	337.237	12.992	5	0.023
面子形象	332.236	7.991	5	0.046
谨慎保守	333.725	9.480	5	0.061
关系强化	333.127	12.882	5	0.025
独立自主	337.455	13.210	5	0.021

2. 参数估计结果

表 5-20 是最终模型的参数估计结果，估计结果可以与在 5000 元以上的旅游花费相比较。

表 5-20　　旅游花费模型参数估计结果（参考类别：5000 元以上）

因变量	自变量	B	Sig.	Exp（B）
1000 元以下	务实节俭	3.063	0.002	2.392
	独立自主	－2.422	0.006	0.389
1001—2000 元	新奇	0.508	0.075	1.606
	放松	－0.271	0.076	0.763
	独立自主	－0.603	0.027	0.521
	关系（安全感）	0.965	0.016	1.625

因变量	自变量	B	Sig.	Exp（B）
2001—3000 元	谨慎保守	− 0. 452	0. 026	0. 636
	新奇	0. 647	0. 074	1. 841
	放松	− 0. 496	0. 051	0. 609
	关系强化	0. 967	0. 014	2. 852
3001—4000 元	面子形象	0. 695	0. 040	1. 989
	新奇	0. 589	0. 058	1. 683
	认同	− 0. 764	0. 016	0. 671
4001—5000 元	谨慎保守	− 0. 844	0. 014	0. 527
	新奇	0. 608	0. 043	1. 991
	独立自主	− 0. 660	0. 081	0. 344

相对于旅游花费在 5000 元以上的老年旅游者而言，务实节俭、谨慎保守、面子形象、独立自主、新奇、放松、关系（安全感）、关系强化和认同存在不同程度和方向的影响。从模型的整体回归参数估计结果来看，首先，以 5000 元以上的旅游花费为参考类别而言，分析 1000 元以下的旅游花费的影响因素。务实节俭价值观和独立自主旅游动机对这个层面的旅游花费影响显著（Sig. = 0. 002 和 Sig. = 0. 006），概率约是旅游花费在 5000 元以上的旅游者的 2 倍 [Exp（B）= 2. 392]，也就是说，同样条件不变的情况下，务实节俭消费观越强的老年旅游者更倾向于选择 1000 元以下的旅游消费水平。对于现今的老年群体大多经历过计划经济时期的消费，年轻时养成的节俭、务实的传统观念通常会影响其一生，尤其受传统节俭消费观影响的老年人仍占相当大的比例，在进行旅游消费时，对价格比较敏感，消费更加理性，会比较客观地分析旅游产品价值，很少冲动消费。而独立自主旅游动机越强的旅游者，他们更倾向于选择 5000 元以上的旅游消费水平（B = − 2. 422）。

其次，以 5000 元以上的旅游花费为参考类别而言，分析 1001—2000 元的旅游花费的影响因素。这个层面的旅游花费主要受到来自新奇、放松、独立自主和关系（安全感）旅游动机因素的影响，且影响效应的方向有所差异。新奇和关系（安全感）对旅游花费在 1001—2000 元的旅游者存在显著的正向效应，概率约是 5000 元以上旅游花费的 2 倍 [Exp（B）= 1. 606，

Sig. =0.075 和 Exp（B）=1.625，*Sig.* =0.016]。而放松和独立自主在这个层面的概率降低了一半左右 [Exp（B）=0.763，*Sig.* =0.076 和 Exp（B）=0.521，*Sig.* =0.027]，存在显著的负向效应。

再次，以 5000 元以上的旅游花费为参考类别而言，分析 2001—3000 元的旅游花费的影响因素。谨慎保守对这个层面的旅游消费水平有显著的负向影响，谨慎保守越强的城镇老年旅游者，旅游花费在 2001—3000 元的可能性越低 [Exp（B）=0.636，*Sig.* =0.026]，说明老年人的消费价值观表现出谨慎、理性的消费者特质，同时当前相对薄弱的老年社会保障也削弱了老年旅游的消费效应，反映在旅游消费行为上具有极强的自我控制能力。同理，新奇、放松和关系强化在显著水平上均对因变量产生显著影响，相对而言，关系强化更为显著，关系强化动机越强的老年旅游者，选择 2001—3000 元旅游花费是 5000 元以上旅游花费的近 3 倍 [Exp（B）=2.852]，说明关系强化动机越强的旅游者更倾向于选择 2001—3000 元的旅游消费水平。

最后，以 5000 元以上的旅游花费为参考类别，分析 3001—4000 元和 4001—5000 元的旅游花费的影响因素。面子形象和新奇均对旅游花费在 3001—4000 元的旅游者有显著影响（*Sig.* =0.040 和 *Sig.* =0.058），而认同和独立自主动机则对旅游花费在 5000 元以上的旅游者影响显著。

总体而言，务实节俭消费观和关系强化动机对旅游花费影响最为显著，在不同层次旅游花费水平上，谨慎保守、面子形象、独立自主、新奇、放松、关系（安全感）和认同等变量具有不同程度和方向的影响。比较旅游花费在 5000 元以上和 1000 元以下的老年旅游者，旅游花费在 1000 元以下的旅游者主要受到务实节俭消费观的影响。比较旅游花费在 5000 元以上和 1001—2000 元的旅游者，这个层次的旅游者受旅游动机的影响较大，消费价值观维度的影响不显著。旅游花费在 2001—3000 元的旅游者受关系强化动机的影响最为显著，同时受谨慎保守的消费价值观的负向影响也较大，其他影响因素与 1001—2000 元旅游花费有类似之处。相比较而言，面子形象对旅游花费在 3001—4000 元的旅游者影响更加显著。

六　出游频次影响因素

城镇老年旅游者出游频次分为 4 种：1 次、2 次、3 次和 4 次及以上，以出游频次 1 次作为参考类别。

1. 模型拟合检验

从模型似然比检验结果来看，－2 倍对数似然值为 310.573，引入自变量后下降到 232.320，卡方检验结果在 0.01 的显著性水平上显著，说明可以拒绝所有变量系数均为零的原假设，最终模型显著成立，模型拟合效果较好。表 5－21 是似然比检验结果，务实节俭、面子形象、中庸从众、物质享受和怀旧 5 个变量的卡方检验的 Sig. 值均小于 0.1，故不能否定零假设，其产生的效应对系数的影响是显著的，不能被剔除，其余变量对旅游花费模型影响不显著，被剔除。

表 5－21　　　　　　　　出游频次模型似然比回归检验结果

自变量	模型拟合标准	似然比检验		
	－2 倍对数似然值	卡方	df	Sig.
截距	232.320	0.000	0	0.000
务实节俭	238.664	10.970	3	0.012
面子形象	231.406	3.712	3	0.094
中庸从众	235.294	7.600	3	0.055
物质享受	241.104	13.410	3	0.004
怀旧	237.600	9.906	3	0.019

2. 参数估计结果

表 5－22 是最终模型的参数估计结果，估计结果可以与平均每年出游频次 1 次相比较。

表 5－22　　　　　出游频次模型参数估计结果（参考类别：1 次）

因变量	自变量	B	Sig.	Exp（B）
2 次	务实节俭	－1.203	0.038	0.630
	面子形象	－0.165	0.038	0.848
	独立自主	0.822	0.076	0.640
	物质享受	0.876	0.063	1.610
	情感归属	0.526	0.096	0.634
	自我实现	0.702	0.031	2.018

续表

因变量	自变量	B	*Sig.*	Exp（B）
3 次	面子形象	0.675	0.049	1.899
	中庸从众	0.437	0.080	0.679
	物质享受	0.816	0.029	1.996
	关系强化	− 0.255	0.078	0.775
	怀旧	0.588	0.057	1.970
4 次及以上	务实节俭	− 2.225	0.007	0.508
	谨慎保守	− 0.177	0.072	0.838

相对于每年出游频次 1 次的老年旅游者，务实节俭、面子形象、独立自主、物质享受、情感归属、谨慎保守、自我实现、关系强化和怀旧存在不同程度和方向的影响。从模型的整体回归参数估计结果来看，消费价值观的 7 个维度对城镇老年旅游者出游频次有较显著影响，但其作用强度和方向有所差异。相对而言，务实节俭更为显著，说明其对城镇老年人旅游消费行为影响越强，选择 2 次以上出游的概率越小。物质享受对出游频次有显著影响，享受观念越强的旅游者，选择出游频次 2 次和 3 次的概率是出游频次 1 次的约 2 倍。面子形象对出游频次 1 次和 3 次有显著影响，面子形象和中庸从众越强的城镇老年旅游者，选择出游频次 3 次的概率越大，而独立自主价值观和情感归属价值观越强的旅游者，选择出游频次 2 次的可能性显著提高。而谨慎保守的旅游者更倾向于选择出游频次 1 次。相对而言，自我实现动机和怀旧动机对城镇老年旅游者出游频次有显著影响，相对于出游频次 1 次，在显著性水平上，自我实现动机和怀旧动机越强的旅游者选择 2 次和选择 3 次以上出游频次的概率显著高于出游频次 1 次的旅游者，约 2 倍。

总体而言，消费价值观各维度对出游频次的主要影响因素中，物质享受和面子形象、中庸从众、独立自主和情感归属对出游频次有正面效应，而务实节俭、谨慎保守对出游频次有限制作用。

七　结论与讨论

通过多分类 Logistic 回归分析方法，检验并验证了消费价值观和旅游动机对旅游消费行为的影响，并且判别了他们的不同影响效果。综合上述研究结果，表 5 - 23 总结并比较了消费价值观与旅游动机对旅游消费行为的影响。

表 5 – 23　　　　　　　城镇老年人旅游消费行为影响因素总结

旅游消费行为	消费价值观	旅游动机
游伴选择（参考类别：独自出行）		
与子女同行	情感归属***	自我发展**、关系强化*
夫妻同行	情感归属***	自我发展**、关系强化*、－放松*、－自然*
与亲友或同事同行	情感归属**	自然发展**、关系强化**
旅游偏好（参考类别：自然风光类）		
休闲疗养类	物质享受**	－自然***
历史文化类	－务实节俭**	－自然***、独立自主**、自我实现**、－放松*
活动类	面子形象**	－自然**
目的地选择（参考类别：周边游）		
省外游	－谨慎保守**	关系强化**
省内游	－谨慎保守**	刺激***、自我发展*
旅游花费（参考类别：5000 元以上）		
1000 元以下	务实节俭*	－独立自主***
1001—2000 元	—	关系（安全感）**、新奇*、－放松*、－独立自主*
2001—3000 元	－谨慎保守*	关系强化***、新奇**、－放松*
3001—4000 元	面子形象*	新奇*、－认同*
4001—5000 元	－谨慎保守**	新奇*、－独立自主*
出游频次（参考类别：1 次）		
2 次	物质享受***、－务实节俭**、－面子形象**、独立自主*、情感归属*	自我实现**
3 次	物质享受**、面子形象**、中庸从众*	怀旧**、－关系强化*
4 次及以上	－务实节俭*、－谨慎保守*	—
出游方式	—	

注：（1）***、**、*分别表示在 1%、5%、10% 水平上显著；（2）"－"表示该变量是负向效应。

1. 消费价值观

城镇老年人消费价值观对旅游消费行为具有显著影响，不同因素的显著性水平及其对不同旅游消费行为的作用程度和方向存在差异。

第一，城镇老年人务实节俭对旅游消费行为影响较为显著，但对旅游消费行为具有负向效应，即城镇老年人务实节俭价值观的强度越强，越倾向于选择自然风光类旅游，旅游花费在 1000 元以下的可能性更高，每年出游频次为 1 次的概率要高于 2 次及以上的概率。命题 1 的假设得到初步验证，即城镇老年人务实节俭与旅游消费行为具有显著关系，但对旅游动机的影响还有待验证。

第二，城镇老年人面子形象对旅游消费行为影响较为显著。受中国传统文化影响，面子形象越强的城镇老年人选择旅游购物的活动类偏好的概率越大，出游频次 3 次和旅游花费在 3001—4000 元的可能性越大。这也初步验证了命题 2 的假设，即城镇老年人面子形象与旅游消费行为具有显著关系，但其对旅游动机的影响还有待验证。

第三，城镇老年人中庸从众对旅游消费行为存在较弱的影响，仅体现在中庸从众越强，出游频次 3 次的概率高于出游频次 1 次，中庸从众的价值观对于高频次出游行为的显著影响，反映出受中国传统文化求同的影响，使消费者相互攀比、消费求同。在旅游情境下，受邻居、同事、好友出游频次的增加的影响，老年人的旅游意愿也会相应增强，出游频次提高，进一步验证了旅游消费行为特征的分析结果。同样，周丽洁[①]的研究也证实了中国老年旅游的消费存在受其他老年人或社会团体的影响，呈现出对个体旅游行为的从众和羊群效应。命题 3 的假设得到初步验证，即城镇老年人中庸从众对旅游消费行为存在影响，但影响较弱，其对旅游动机影响还有待验证。

第四，城镇老年人独立自主对旅游消费行为存在较弱影响，仅体现在城镇老年人独立自主强度越强，选择出游频次 2 次的可能性越高，而对其他旅游消费行为影响效应较弱。命题 4 的假设得到初步验证，即城镇老年人独立自主对旅游消费行为存在影响，但效应较弱，其对旅游动机影响还有待验证。

第五，城镇老年人物质享受对旅游偏好和出游频次影响较显著，但对

---

① 周丽洁：《中国老年旅游市场特征及发展路径》，《财经理论与实践》2010 年第 5 期。

旅游消费水平影响较弱。城镇老年人随着物质享受观念的增强，更倾向于选择休闲疗养类旅游，出游频次在2次以上的可能性更高。这也初步验证了命题5的假设，即城镇老年人物质享受与旅游消费行为具有显著关系，但其对旅游动机的影响还有待验证。

第六，城镇老年人情感归属对游伴选择和出游频次影响较为显著，尤其对游伴选择具有显著影响，即情感归属越强，城镇老年人越倾向于选择结伴出游，出游频次2次的可能性较大，对旅游偏好、目的地选择和旅游花费影响不显著。命题6的假设得到初步验证，即城镇老年人情感归属与旅游消费行为具有显著关系，但其对旅游动机的影响还有待验证。

第七，城镇老年人谨慎保守对旅游消费行为影响较显著。城镇老年人谨慎保守对旅游消费行为具有较强的限制作用，即谨慎保守观念越强的中老年人，出游频次越低，选择周边游的概率越大，旅游花费在2000元以上的可能性较小。这也初步验证了命题7的假设，即城镇老年人谨慎保守与旅游消费行为具有显著关系，但其对旅游动机的影响还有待验证。

2. 旅游动机

城镇老年人旅游动机显著影响旅游消费行为，由于旅游动机具有多维度，本研究验证了不同维度的显著性水平及其对不同旅游消费行为的作用程度和方向存在差异，因此，命题8的假设得到初步验证，但旅游动机是否受到消费价值观的调节还需要进一步验证。

3. 总结与讨论

通过以上实证分析和比较，我们验证了城镇老年人消费价值观和旅游动机对旅游消费行为的重要影响，并且通过系统的变量选择和实证分析发现，影响不同的旅游消费行为的变量不尽相同，并且各维度变量的解释力度也不同。那么，城镇老年人消费价值观是如何导致不同的旅游消费行为，是否对旅游动机具有影响，消费价值观、旅游动机与旅游消费行为之间存在怎样的关系？第六章将从消费价值观入手，进一步探讨影响城镇老年人旅游消费行为的内在机制。

第六节　本章小结

本章在借鉴西方消费行为理论的基础上，从城镇老年人消费价值观和旅游动机两个不同层次构建对旅游消费行为影响的研究框架，随之提出相应的理论假设，并归纳与提炼消费价值观和旅游动机结构维度，在此基础上，运用多分类 Logistic 回归模型实证研究探讨了城镇老年人消费价值观和旅游动机不同维度变量对旅游消费行为的影响，以及这些变量的不同影响效应。

借鉴以往文献资料，结合深度访谈，设计了嵌入旅游情境下的城镇老年人消费价值观与旅游动机的测量题项。遵循量表设计的步骤，经过变量测量的修订与测试、信度和效度检验，通过探索性因子分析最终提炼出城镇老年人消费价值观由务实节俭、面子形象、中庸从众、独立自主、物质享受、情感归属和谨慎保守 7 个维度构成，旅游动机由新奇、放松、关系强化、独立自主、自然、自我发展、刺激、关系（安全感）、自我实现、怀旧和认同 11 个维度构成。

城镇老年人消费价值观对旅游消费行为具有显著影响，不同维度的显著性水平及其对不同旅游消费行为的作用程度和方向存在差异。总体而言，城镇老年人务实节俭对旅游偏好、旅游花费和出游频次具有显著的负向效应；面子形象显著增强了出游频次和旅游花费，对包括旅游购物的活动类旅游偏好影响显著；中庸从众和独立自主对旅游消费行为影响较弱，仅对出游频次存在显著影响；物质享受对旅游偏好和出游频次影响较显著，但对旅游消费水平影响较弱；游伴选择和出游频次受到情感归属价值观的影响，尤其对游伴选择具有显著影响，但对旅游偏好、目的地选择和旅游花费影响不明显；谨慎保守对出游频次、目的地选择和旅游花费具有较强的限制作用。

城镇老年旅游者旅游动机显著影响旅游消费行为，由于旅游动机具有多维度，本研究验证了不同维度的显著性水平及其对不同旅游消费行为的作用程度和方向存在差异，但旅游动机是否受到消费价值观的调节还需要进一步验证。

第六章

城镇老年人旅游消费行为内在机制

本章在第五章研究成果基础上，基于理论分析构建城镇老年人消费价值观对旅游消费行为的影响机制假设模型，在此基础上，通过结构方程模型实证分析消费价值观、旅游动机与旅游消费行为之间的路径关系，探讨消费价值观对旅游消费行为的作用机制。

第一节　引言

第五章剖析了影响城镇老年人旅游消费行为的内在因素，并通过实证分析验证了城镇老年人消费价值观、旅游动机各维度对旅游消费行为具有显著影响，然而城镇老年人消费价值观对旅游消费行为的影响机制是如何形成的，消费价值观是否对旅游动机具有影响，消费价值观、旅游动机与旅游消费行为存在怎样的关联？现有文献中尚未有从城镇老年人消费价值观视角系统研究其旅游消费行为的产生机制。

美国社会学家帕森斯认为，人的行动系统是由价值和规范系统所决定的。消费价值观引导和规范着城镇老年群体对旅游消费行为的选择与决策，甚至期望借助旅游消费重获新的身份认同。消费价值观对个体消费行为具有导向作用，是消费行为的最终决定因素，但是价值观是个体行为终极状态的概况，更具抽象性，如果直接研究消费价值观与行为之间的关系，两者之间不如预期的那样高度相关①。张梦霞②也研究证实，消费行

---

① 陈莹、郑涌：《价值观与行为的一致性争议》，《心理科学进展》2010年第10期。
② 张梦霞：《"价值观—动机—购买行为倾向"模型的实证研究》，《财经问题研究》2008年第9期。

为与价值观有显著的关联关系，但相关系数值不高，应该在价值观和行为之间加入中介变量，通过中介变量考察价值观对个体行为的传导作用。同样，有学者研究表明，动机在价值观和行为之间可能起到中介作用[①]。价值观是行为欲望的概念化，属抽象概念，而动机属于相对具体的概念，通过具体方式表达个体的需求程度。旅游动机可以有效预测旅游者行为[②]。第五章实证分析了消费价值观和旅游动机对旅游消费行为的显著性影响，为深度分析各个因素之间的影响机制提供了全新的突破口。在此基础上，本章将进一步探讨城镇老年人消费价值观通过旅游动机变量对旅游消费行为的作用机制。

尽管现有文献中已有不少关于老年群体旅游消费行为的研究，但是从老年人消费价值观的视角，尤其随着中国社会经历的深刻变革，老年人的消费价值观既留存有明显传统中国文化深刻烙印的代际传承，同时随着文化和社会变迁也在发生着嬗变，深入研究城镇老年人消费价值观、旅游动机与旅游消费行为之间的关系，仍需在本章的研究中做出进一步的探索性研究。

第二节　模型构建

"手段—目的"链理论认为人的一切行为都是为了满足其价值观[③]。该理论强调行为是由价值驱动，Vinson、Scott 和 Lamont[④] 指出消费是行为的一种，该理论可以将消费行为同消费者的价值观体系联系起来[⑤]。将

① Verplanken, B., & Holland, R. W., "Motivated Decision Making Effects of Activation and Self-centrality of Values on Choices and Behaviour", *Journal of Personality and Social Psychology*, Vol. 82, No. 3, 2002.

② Prayag, G., "Senior Travelers' Motivations and Future Behavioral Intentions: The Case of Nic", *Journal of Travel & Tourism Marketing*, Vol. 29, No. 7, 2012; Battour, M. M., Battor, M. M., Ismail, M., "The Mediating Role of Tourist Satisfaction: A Study of Muslim Tourists in Malaysia", *Journal of Travel & Tourism Marketing*, Vol. 29, No. 3, 2012; Fan, D. X. F., Hsu, C. H. C., "Potential Mainland Chinese Cruise Travelers' Expectations, Motivations, and Intentions", *Journal of Travel & Tourism Marketing*, Vol. 31, No. 4, 2014.

③ Rokeach, M., *The Nature of Human Values*, New York: The Free Press, 1973.

④ Vinson, D. E., Scott, J. E., & Lamont, L. M., "The Role of Personal Values in Marketing and Consumer Behavior", *Journal of Marketing*, Vol. 41, No. 2, 1977.

⑤ 张新安：《中国消费者的顾客价值形成机制：以手机为对象的实证研究》，《管理世界》2010 年第 1 期。

"手段—目的"链理论应用于旅游研究的最大优点在于它能通过一个层次性的框架将研究中涉及的各种概念相连接，从旅游者的价值结果角度理解旅游行为①，为研究消费价值观与旅游消费行为关系提供了一个非常有用的理论框架和研究范式。

下面以两个访谈案例来说明消费价值观与旅游消费行为关系的建构过程。图6-1显示一位跟团游老人的访谈结果。受访者选择跟团游主要是考虑年纪大缺少安全感，通过旅行社出游放心，有保障，人多在一起相互交流不寂寞，而且淡季出游，团费便宜，经济实惠。出去旅游可以了解各地的风土人情、历史文化，增长知识，开阔视野，年轻时没机会出去，老了弥补缺憾，同时通过旅游培养发展个人的兴趣爱好，丰富自己的老年生活。通过旅游消费体验不同的地方特色，满足好奇心与了解不同事物的意愿。

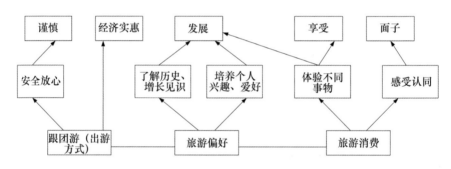

图6-1　消费价值观与旅游消费行为关系链案例Ⅰ

图6-2是一位自由行老人的访谈结果。选择自由行是考虑在身体状况允许的情况下，自由行相对方便自由，旅游活动相对灵活，且跟家人或朋友方便交流，有助于增进情感。出门在外不同于在家，穷家富路。周边旅游的人越来越多，条件允许的情况下，有机会也想多出去转转，增长见识。

基于对Gutman②"手段—目的"链理论的理解，结合访谈结果，构建

---

① McIntosh, A. J., Thyne, M. A., "Understanding Tourist Behavior Using Means-end Chain Theory", *Annals of Tourism Research*, Vol. 32, No. 1, 2005.

② Gutman, J., "A means-end Chain Model Based on Consumer Categorization Processes", *Journal of Marketing*, Vol. 46, No. 1, 1982.

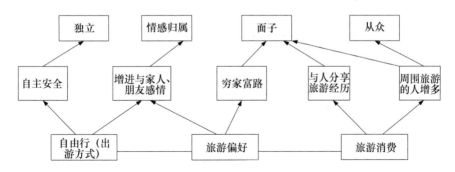

图 6 - 2　消费价值观与旅游消费行为关系链案例 II

基于城镇老年人消费价值观的旅游消费行为内在机制的概念模型(图 6 - 3)。既有利于从内在精神含义的角度揭示影响旅游消费行为的终极驱动力，又可以通过关联路径透视消费价值观与旅游消费行为之间为何相关、如何相关的深刻机理。

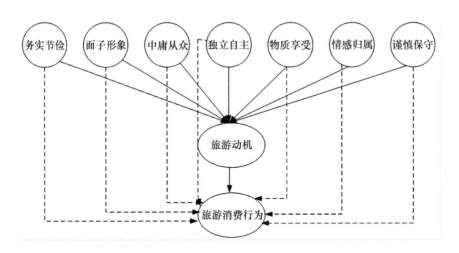

图 6 - 3　基于城镇老年人消费价值观的旅游消费行为内在机制的概念模型

注：此模型中，虚线箭头表示消费价值观到旅游消费行为，如果旅游动机变量在整个过程中不发挥中介作用，表明消费价值观对旅游消费行为有直接影响；如果旅游动机变量是完全中介变量，则虚线箭头不存在，表明消费价值观对旅游消费行为不存在直接作用。

该模型中的主要构念包括消费价值观和旅游动机，其中消费价值观包括务实节俭、面子形象、中庸从众、独立自主、物质享受、情感归属和谨慎保守 7 个变量，旅游动机是多维度的复杂构念，有待后续相关分析后确定纳入结构方程模型的具体维度，1 个旅游消费行为变量，变量界定仍与第五章研究一致。根据第五章变量信度效度检验结果，消费价值观有 15 个观察变量，旅游消费行为使用旅游花费和出游频次 2 个观察变量。本章数据采用正式问卷调研中 60 岁及以上老年人的样本数据。

第三节　研究方法——结构方程模型

　　本研究按照逐层深入的逻辑关系，本章的主要研究目的是探讨城镇老年人旅游消费行为的机制，以前面各章研究为基础，进一步探索城镇老年人消费价值观、旅游动机与旅游消费行为的因果关系问题，而结构方程模型的本质就在于探讨结构关系，尤其是为理解多个潜在变量或构念之间的内在关系提供了有用的分析工具[1]，对于根据实证资料来确认假设结论的调查研究，运用结构方程模型推断因果关系是最合适不过的[2]。结构方程模型（Structural Equation Modeling，SEM），是一种用以验证某一理论模型或假设模型适切性与否的统计技术，由于其有效整合了因素分析与路径分析两种统计方法，通过验证性因素分析来评估因素构念与其指标变量间的密切关系程度，克服了传统统计方法的诸多不足，并在 SEM 的分析软件（如 LISREL、EQS、AMOS 等）的有效支持下，被广泛应用于社会学、教育学、心理学、市场调查等研究领域。作为行为科学研究中最重要的研究方法和统计分析技术之一，已有学者将结构方程模型应用于旅游者行为研究中并取得了阶段性成果[3]。目前对旅游消费行为研究已由浅层现象描述发展到更注重深层次机理的揭示，SEM 不失为一种成熟的研究方法。

　　与传统的经济计量方法相比，结构方程模型具有五点优势[4]：（1）同

　　①　Nachtigall, C., Kroehne, U., Funke, F., Steyer, R., "（Why）Should we use SEM? Pro and cons of structural equation modeling", *Methods of Psychological Research Online*, Vol. 8, No. 2, 2003.

　　②　Lindberg, K., Johnson, R. L., "Modeling Resident Attitudes Toward Tourism", *Annals of Tourism Research*, Vol. 24, No. 2, 1997.

　　③　杨兴柱、陆林、王群：《农户参与旅游决策行为结构模型及应用》，《地理学报》2005 年第 6 期；黄颖华、黄福才：《旅游者感知价值模型、测度与实证研究》，《旅游学刊》2007 年第 8 期。

　　④　Bollen, K. A., Long, J. S., *Testing Structural Equation Models*, Newbury Park, CA：Sage, 1993.

时考虑并处理多个因变量；（2）容许自变量和因变量均含测量误差；
（3）同时估计因子与观测变量之间的关系和因子之间的关系；（4）容许
更加复杂的测量模型；（5）可以计算不同模型的整体拟合程度，比较选
择最佳模型。

　　一个完整的结构方程模型由测量模型（measurement equation）和结构
模型（structural equation）两部分构成。测量模型描述的是潜变量和观测
变量之间的关系，具体就是指研究中的因子变量与测量题项之间的关系。
结构模型指的是潜变量之间的关系，以及模型中其他变量无法解释的变异
量部分。结构方程模型分析本质上是一种验证式的模型分析，试图利用研
究者所搜集的实证资料来确认假设的潜变量之间的关系，以及潜变量与观
测变量之间的一致性程度。本章需要验证测量模型和结构模型，所以在本
节将详细介绍测量模型、结构模型的分析检验步骤和评估指标，为接下来
的实证分析提供理论基础。

一　测量模型

1. 模型结构

　　根据因素分析功能和目的不同，因素分析分为探索性因素分析（Ex-
ploratory Factor Analysis，EFA）和验证性因素分析（Confirmatory Factor A-
nalysis，CFA）。

　　探索性因素分析与验证性因素分析两种分析方法最大的不同，在于测
量理论架构在分析过程中所扮演的角色与检验时机。探索性因素分析的目
的在于确认量表因子结构，考虑的是要决定多少个因子或构念，偏向于理
论的产出，而非理论架构的检验。相比之下，验证性因素分析则必须有特
定的理论观点或概念架构作为基础，借由数学程序来确认评估因素构念与
其指标变量间的密切关系程度。第五章通过 EFA 识别出消费价值观和旅
游动机的潜在因子结构，本章将进一步通过 CFA 对这些分析得到的潜在
因子结构进行检验。而这里将要探讨的测量模型的本质就是验证性分析，
验证数个测量变量可以构成潜在变量的程度。

　　对于指标与潜变量间的关系，测量方程通常如下：

$$X = \Lambda_X \xi + \delta$$
$$Y = \Lambda_Y \eta + \varepsilon$$

测量方程反映了潜变量与其测量指标之间的关系，其中 ε 与 η、ξ 及 δ

无相关，而 δ 与 ξ、η 及 ε 也无相关。Λ_X 与 Λ_Y 为指标变量 (X, Y) 的因子载荷量，具体来说 Λ_X 是外生（exogenous）指标在外生潜变量上的因子载荷量，Λ_Y 是内生（endogenous）指标在内生潜变量上的因子载荷量，而 δ、ε 为外生指标变量的测量误差，ξ 与 η 分别为外生潜变量与内生潜变量，SEM 测量模型中假定：潜在变量与测量误差间不能有共变关系或因果关系存在。

测量模型在 SEM 模型中就是一般所谓的验证性因素分析，用于检核数个测量变量可以构成潜在变量的程度，验证性因素分析即是在检验测量模型中的指标变量与潜在变量间的因果模型是否与样本数据契合。

2. 模型外在质量检验

（1）模型设定

依据相关理论文献或经验法则，构建潜变量与指标变量间的反映关系，即建立各潜变量与其观察指标间的测量模型。在 SEM 分析中，考虑到变量间的关系复杂性，其关系的建立必须要以坚强的理论为根据，模型界定时必须依循简约原则，简约原则本身是模型理论构建的一个重要原则，以一个比较简单的模型来解释复杂的关系①。

（2）模型识别

在验证性因子分析中，模型识别的主要任务就是在测量模型建立后，考虑模型中的每一个未知参数是否能由观测数据得到唯一解。对于一般的模型，还没有一个充要条件可以简单判断模型是否可识别。下面给出模型识别的两个必要条件，两个充分条件。

必要条件一：指定潜变量的测量单位。如果不指定潜变量的测量单位，任何模型都是不可识别的。通常做法是固定潜变量的一个负荷或固定潜变量的方差。也可以用限制参数的办法，间接指定潜变量的测量单位。为每个潜变量指定一个测量单位，是模型可识别的必要条件。

必要条件二：t – 法则。t 为模型中所有自由参数个数，满足 $t \leq p(p+1)/2$，是模型可识别的一个必要条件，其中 p 为观测变量个数。

充分条件一：三指标法则。对于多个潜变量的模型，如果：①每个潜变量至少有三个指标。即负荷矩阵的每一列至少有三个非零元素；②每个指标只测量一个潜变量。即负荷矩阵的每一行有且仅有一个非零元素；③误差之间不相关。即误差的协方差矩阵为对角矩阵。同时满足上述三个

---

① 黄芳铭：《社会科学统计方法学——结构方程模式》，台北：五南图书出版公司 2004 年版。

条件，则模型可识别。

充分条件二：两指标法则。对于多个潜变量的模型，如果：第一，每个潜变量有两个或两个以上的指标。即负荷矩阵的每一列至少有两个非零元素；第二，每个指标只测量一个潜变量。即负荷矩阵的每一行有且仅有一个非零元素；第三，对每一个潜变量，至少有另一个潜变量与之相关。即潜变量的协方差矩阵的每一行，对角线以外至少有一个非零元素；第四，误差之间不相关。即误差的协方差矩阵为对角矩阵。同时满足上述四个条件，则模型可识别。

（3）模型估计

当判断出一个模型可识别后，下一步就是根据观察变量的方差和协方差对参数进行估计。与传统的统计方法不同之处在于结构方程模型的目标是尽量缩小样本协方差矩阵与有模型估计出的协方差矩阵之间的差异。结构方程模型最常见的估计方法有：没有加权的最小二乘法（ULS）、广义最小二乘法（GLS）和最大似然估计（ML）。每种计算方法都是要找到参数估计，以使拟合损失函数达到最小。ML方法是验证性因子分析最常用的方法。

（4）模型评价

参数估计后便得到了拟合模型，如何判断拟合模型的优劣，需要从不同角度对模型进行评价。主要的模型评价指标包括χ^2统计量、卡方自由度比（χ^2/df）、拟合优度指数（GFI）、修正的拟合优度指数（AGFI）、近似误差均方根（RMSEA）、常规拟合指数（NFI）、相对拟合指数（CFI）。

具体指标含义和评价标准如下。

①卡方值（χ^2）：χ^2可以用来恰当地反映模型的拟合优度。对于一个好的模型，χ^2值应当小。当得到一个显著的χ^2值时，认为拟合的模型不好；如果χ^2值不显著，认为模型可以接受。

②卡方自由度比（χ^2/df）：χ^2/df也可以作为模型是否拟合的指标。χ^2/df值越小，表示假设模型的协方差矩阵与观测变量拟合效果越好，相对的，χ^2/df值越大，表示模型拟合效果越差。一般而言，$\chi^2/df<2$时，表示假设模型的拟合效果较好[1]。

---

① Carmines, E. G., & McIver, J. P., "Analysing Models with Unobservable Variables", in G. W. Bohrnstedt and E. E. Borgatta, eds., *Social Measurement Current Issues*, Beverly Hills, CA: Sage, 1981.

③近似误差均方根（RMSEA）：考虑了样本的近似差异值，RMSEA值通常被视为是最重要的拟合指标信息，其值越小，表示模型的拟合效果越好。一般而言，当RMSEA值高于0.1时，则模型拟合效果欠佳；其数值在0.08—0.1之间时，则模型尚可；在0.05—0.08之间表示模型良好；如果其数值小于0.05，表示模型拟合效果非常好[①]。

④拟合优度指数（GFI）和修正的拟合优度指数（AGFI）：在SEM分析中，GFI值可认为是假设模型协方差可以解释观察数据协方差的程度。AGFI为调整后的拟合优度指数，它利用假设模型的自由度与模型变量个数的比例来调整GFI指标。GFI值越大时，则AGFI值也会越大。两个指数范围都是介于0—1间，越接近1，表示模型的拟合效果越好。一般的判别标准为GFI或AGFI值大于0.9，表示模型拟合效果良好。

⑤常规拟合指数（NFI）和相对拟合指数（CFI）：NFI是相对性指标值，用来比较假设模型与虚无模型（null model）之间的卡方值差距，相对于该虚无模型卡方值的一种比值，反映了假设模型与观测变量间没有任何共变的独立模型的差异程度。至于CFI指标值是一种改良式的NFI指标值。两个指标值介于0—1之间，越接近1表示模型拟合效果越好，越小表示模型拟合效果越差，Byrne[②]认为两个指标值>0.9说明拟合较好。

⑥模型修正。模型进行参数估计后，如果假设模型与观察数据的拟合效果不够理想，需要对模型进行适当修正，改善模型的拟合效果。通过模型修正，对模型增列或删除某些参数，针对初始理论模型进行局部的修改或调整，以提高假设模型的拟合程度，但这种修正不能是随意的，应当依据理论和实际背景，修正后的模型应是合理的、明确的与可完整解释的。

3. 模型内在质量检验

在对测量模型拟合程度进行评估方面，除了要对整体模型的拟合程度进行测量检验外，还要对模型内在结构进行拟合程度的评价[③]，评估潜在变量与指标变量间的关系，目的在于了解此种关系潜在建构的信度与效度。对模型内在质量的检验对于理论的验证更能获得保障。

① Browne, M. W. , & Cudeck, R. , "Alternative Ways of Assessing Model Fit", In K. A. Bollen, & J. S. Long, eds. , *Testing Structural Equation Models*, Newbury Park, CA: Sage, 1993.

② Byrne, B. M. , *Structural Equation Modelling with LISREL, PRELIS, and SIMPLIS: Basic Concepts, Applications, and Programming*, Mahwah, NJ: Lawrence Erlbaum Associates, 1998.

③ Bollen, K. A. , *Structural Equations with Latent Variables*, New York: Wiley, 1989.

（1）观察变量的项目信度（individual item reliability）

对于观察变量的项目信度检核，用观察变量的多元相关系数的平方（R^2）值来衡量，等于其标准化因子载荷的平方，表示观察变量可以被潜变量解释的变异程度。若 R^2 值达到显著，则其值越高，表示观察变量能被其潜在变量解释的变异量越多，代表观察变量有良好的信度，相反，若 R^2 值很低未达到显著水平，表示观察变量与潜在变量的关系不密切，观察变量的信度不佳。Bagozzi 和 Yi[1] 认为 R^2 应大于 0.5，即其标准化因子载荷量高于 0.71。而在实际操作中，可以根据实际情况适当降低评估标准，但观察变量的标准化因子载荷不能低于 0.5[2]。

（2）潜在变量的组合信度（Composite Reliability，CR）

组合信度主要评价所有观察变量分享该潜变量的一致性程度。其计算公式如下：

$$CR = \frac{(\sum \text{标准化因子载荷})^2}{[(\sum \text{标准化因子载荷})^2 + \sum \text{误差方差}]}$$

Kline[3] 认为信度系数在 0.9 以上最佳；0.8 附近非常好；0.7 附件则是适中；0.5 以上是最小可以接受的范围，若是信度低于 0.5，表示有一半以上的观察变异是来自随机误差，此时的信度略显不足，最好不接受。

（3）潜在变量的平均方差抽取量（Average Variance Extracted，AVE）

AVE 是一种聚敛效度的指标，表示潜在变量所解释的变异量中有多少来自测量误差，若 AVE 越大，观察变量被潜在变量解释的变异量百分比越大，相对的测量误差就越小，一般判断的标准是 AVE 要大于 0.5，其数值越大，表示观察变量越能有效反映其共同因素构念的潜在特质。其计算公式如下：

$$AVE = \frac{\sum \text{标准化因子载荷}^2}{(\sum \text{标准化因子载荷}^2 + \sum \text{误差方差})}$$

---

① Bagozzi, R. P., & Yi, Y., "On the Evaluation of Structural Equation Models", *Academic of Marketing Science*, Vol. 16, No. 1, 1988.

② 黄芳铭：《结构方程模式：理论与应用》，中国税务出版社 2005 年版。

③ Kline, R. B., *Principles and Practice of Structural Equation Modeling*, New York：Guilford Press, 1998.

二　结构模型

结构方程模型除了包含因子模型部分的测量模型，还包含因果模型部分的结构模型，是潜在变量间因果关系模型的说明，其中的方程成为结构方程，描述了潜变量之间的因果关系，即自变量和因变量之间的关系。结构方程的数学表达式如下：

$$\eta = \beta\eta + \Gamma\xi + \zeta$$

η 是内生潜变量，ξ 是外生潜变量，β 和 Γ 是系数矩阵，β 表示内生潜变量之间的影响关系，Γ 表示外生潜变量 ξ 对内生潜变量 η 的影响关系，ζ 为结构方程的残差项，反映了内生潜变量 η 在方程中没有被解释的部分。

结构模型检验与测量模型检验的步骤非常相似，也是通过模型设定、模型识别、模型估计、模型评价以及对模型进行修正 5 个步骤对结构模型进行检验评估。

本章主要是研究影响城镇老年人旅游消费行为的机制，涉及变量多，因果关系复杂，因此采用结构方程模型来验证提出的机制模型。根据结构方程模型的原则和流程，在第五章探索性分析结果的基础上，先对变量的测量模型进行验证，按照上面的检验步骤对每个测量模型进行分析检验，待模型达到满意标准后，再对整个结构模型进行因果关系分析。运用结构方程模型探索性研究城镇老年人消费价值观、旅游动机与旅游消费行为之间的影响机制。本章将主要采用 AMOS 21.0 软件进行数据分析。

第四节　相关性检验

在进行 SEM 分析之前，首先采用 Pearson 相关分析法对消费价值观和旅游动机进行相关性检验。检验采用的软件工具是 SPSS 20.0。结果如表 6 - 1 所示。

从表 6 - 1 中可以看出，总体来看，消费价值观变量之间的相关性并不高，但某些维度之间也存在着一定的显著性相关关系。同时，旅游动机各维度之间相关程度较高，这与各维度的内在含义分不开，再次验证了旅游动机构念是一个复杂的问题，与其旅游者个体对事物的价值判断紧密相关。务实节俭、独立自主、物质享受、情感归属与旅游动机各维度呈显著

表6-1 消费价值观与旅游动机变量间的 Pearson 相关性检验

	X_1	X_2	X_3	X_4	X_5	X_6	X_7	X_8	X_9	X_{10}	X_{11}	X_{12}	X_{13}	X_{14}	X_{15}	X_{16}	X_{17}	X_{18}
X_1	1																	
X_2	-0.033	1																
X_3	0.020	0.632**	1															
X_4	0.476**	-0.117*	-0.072	1														
X_5	0.359**	0.072	0.086	0.583**	1													
X_6	0.457**	-0.057	-0.019	0.524**	0.499**	1												
X_7	0.208**	0.280**	0.309**	0.140*	0.154**	0.157*	1											
X_8	0.359**	-0.033	0.018	0.439**	0.397**	0.319**	0.113*	1										
X_9	0.474**	-0.081	-0.008	0.463**	0.448**	0.500**	0.172**	0.590**	1									
X_{10}	0.247**	0.110*	0.179**	0.232**	0.265**	0.408**	0.206**	0.341**	0.445**	1								
X_{11}	0.414**	-0.097	0.024	0.452**	0.402**	0.383**	0.075	0.450**	0.532**	0.419**	1							
X_{12}	0.470**	0.033	0.001	0.524**	0.470**	0.505**	0.088	0.469**	0.575**	0.354**	0.529**	1						
X_{13}	0.328**	0.035	0.128*	0.388**	0.348**	0.446**	0.155**	0.464**	0.492**	0.476**	0.410**	0.469**	1					
X_{14}	0.103*	0.044	0.059	0.273**	0.298**	0.271**	0.028	0.362**	0.294**	0.280**	0.292**	0.253**	0.544**	1				
X_{15}	0.228**	0.238**	0.218**	0.246**	0.244**	0.351**	0.208**	0.222**	0.326**	0.351**	0.216**	0.179**	0.414**	0.360**	1			
X_{16}	0.394**	0.000	0.043	0.541**	0.449**	0.524**	0.164**	0.465**	0.555**	0.438**	0.450**	0.443**	0.523**	0.394**	0.528**	1		
X_{17}	0.252**	0.158**	0.121*	0.284**	0.247**	0.278**	0.154**	0.281**	0.345**	0.421**	0.282**	0.298**	0.384**	0.218**	0.390**	0.498**	1	
X_{18}	0.108*	0.456**	0.355**	0.111*	0.205**	0.165**	0.251**	0.115*	0.118*	0.340**	0.101*	0.111*	0.336**	0.303**	0.444**	0.330**	0.430**	1

注:(1) X_1、X_2、X_3、X_4、X_5、X_6、X_7分别表示务实务节俭、面子形象、独立自主、中庸从众、独立自主、物质享受、情感归属、谨慎保守、X_8、X_9、X_{10}、X_{11}、X_{12}、X_{13}、X_{14}、X_{15}、X_{16}、X_{17}、X_{18}、分别表示务实新奇、放松、关系强化、自然、自我发展、刺激、关系(安全感)、自我实现、怀旧和认同;(2) **、*分别表示在1%和5%水平上显著。

的正相关，面子形象与关系强化、安全感、怀旧和认同呈显著的正相关，而中庸从众与关系强化、自我发展、关系（安全感）、怀旧和认同具有显著的正相关，而谨慎保守与除了独立自主、自然和刺激以外的旅游动机其他维度都有显著的正相关关系。由此可见，城镇老年人消费价值观与旅游动机各维度变量紧密相关。

第五节　测量模型检验

本节将在第五章对城镇老年人消费价值观和旅游动机量表进行初测试验证和修订的基础上，分别对消费价值观和旅游动机两个测量模型进行验证性分析与检验。首先，可以对理论作坚强的验证；其次，可以对量表的理论模式作复核效化的处理，使量表更具有预测效度；最后，可以获得量表的最简效模式①。同时根据 Bollen② 的建议，对测量模型可以逐个部分进行检验评估。因此，本节分别对消费价值观、旅游动机建立测量模型，运用 AMOS 21.0 软件分别进行验证性因子分析，以作为第六节结构模型分析的前提和基础。

一　消费价值观

1. 模型设定

第五章对消费价值观量表进行了初测试并根据相关原则删除了部分题项后，根据探索性因素分析的结果，本部分测量模型共涉及 7 个潜变量，每个潜变量有 2—3 个测量指标，共涉及 15 个测量指标。

2. 模型识别

根据第四节关于模型识别的充分条件和必要条件的分析，在验证性因子分析中，t - 法则是模型可识别的必要条件。本模型中，测量指标共 15 个，样本协方差矩阵独特元素或数据点 = 15（15 + 1）/2 = 120 个，模型中被估计的参数（自由参数）有 51 个，模型的自由度为 69，说明模型满足可识别的必要条件。

同时考虑模型可识别的充分条件，根据两指标法则，本模型的每个潜

---

① 阳翼：《中国独生代消费行为研究》，暨南大学出版社 2008 年版。

② Bollen，K. A.，*Structural Equations with Latent Variables*，New York：Wiley，1989.

在变量有两个或两个以上的测量指标，每个指标只测量一个潜变量，对于每一个潜变量，至少另一个潜变量与之相关，因此，本模型满足模型识别的充分条件。

消费价值观模型识别的必要条件和充分条件都满足，因此模型可识别。

3. 模型评价

本研究采用最大似然估计法（ML），在取得了参数估计值后，对整个模型与数据之间的拟合进行评估。模型的评价需要用到拟合指数，选取哪些拟合指数更好，是一个复杂的问题[1]。邱浩政[2]指出常用的模型评价指标包括 χ^2、χ^2/df、RMSEA、NFI、CFI、GFI、AGFI 等。本研究采用邱浩政的建议，逐一考察各项拟合指数。结果如表6-2所示。

表6-2　　　　　　　消费价值观测量模型的验证性因子分析

测量指标	标准化因子载荷	信度系数	测量误差	CR	AVE
务实节俭				0.812	0.594
C1	0.859	0.737	0.263		
C2	0.790	0.623	0.377		
C3	0.649	0.421	0.579		
面子形象				0.832	0.713
C4	0.827	0.684	0.316		
C5	0.861	0.741	0.259		
中庸从众				0.845	0.731
C6	0.856	0.734	0.266		
C7	0.854	0.728	0.272		
独立自主				0.768	0.625
C8	0.736	0.541	0.459		
C9	0.841	0.708	0.292		

① 侯杰泰、温忠麟、成子娟：《结构方程模型及其应用》，教育科学出版社2004年版。
② 邱浩政：《结构方程模式：LISREL 的理论、技术与应用》，台北：双叶书廊有限公司2003年版。

续表

测量指标	标准化因子载荷	信度系数	测量误差	CR	AVE
物质享受				0.694	0.538
C10	0.834	0.695	0.305		
C11	0.616	0.379	0.621		
情感归属				0.789	0.653
C14	0.763	0.582	0.418		
C15	0.851	0.724	0.276		
谨慎保守				0.775	0.644
C17	0.936	0.876	0.124		
C18	0.641	0.410	0.590		
拟合优度指标	$\chi^2 = 166.347$，$\chi^2/df = 2.376$				
	GFI = 0.946，AGFI = 0.907，CFI = 0.960，NFI = 0.934，RMSEA = 0.061				

从表 6 - 2 可以看出，整体模型各项拟合指标均达到优度的标准，说明测量模型与数据拟合度相当好，可以接受该测量模型。

4. 模型修正

如果模型评价后发现模型不能很好地拟合数据，就需要对模型进行修正，也就是说要重复进行模型的设定、识别、估计、评价和修正的五个步骤，直到模型的拟合指数达到拟合优度要求为止。根据表 6 - 2 的拟合指标可以看出，模型的拟合度很好，因此测量模型不需要修正。测量模型路径见图 6 - 4。

5. 信效度检验

潜在变量的组合信度（CR）为模型内在质量的判别标准之一，若是潜在变量的组合信度在 0.6 以上，表示模型的内在质量理想。表 6 - 2 显示，7 个测量因子的组合信度系数在 0.694—0.845 之间，均大于 0.6，表示模型内在质量佳。

另外一个与组合信度类似的指标为平均方差抽取量（AVE），由表 6 - 2 可以看出，7 个潜在变量的 AVE 值介于 0.538—0.731 之间，都超过了 0.5 的可接受水平。由此可见，消费价值观的所有潜在变量都具有较高的收敛效度。在判别效度方面，从 7 个潜变量的 AVE 值与潜变量之间相关系数平方的比较可以看出，如表 6 – 3 所示，潜变量的 AVE 值介于 0.538—0.731 之间，潜变量的 AVE 值均远远高于潜变量间相关系数平方。由此可见，消费价值观的所有潜变量都具有较高的判别效度。

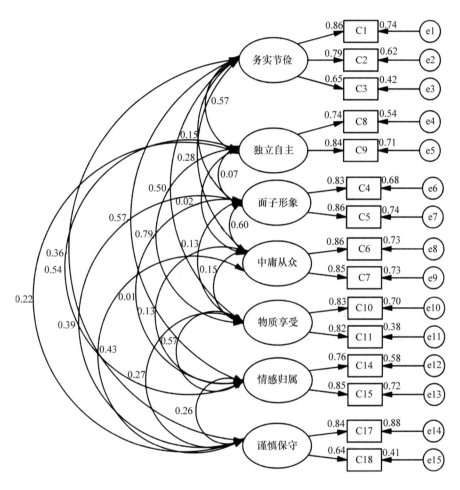

图6 – 4　消费价值观测量模型路径

表6 – 3　　　　　　　　消费价值观量表中潜变量的判别效度

潜变量	务实节俭	面子形象	中庸从众	独立自主	物质享受	情感归属	谨慎保守
务实节俭	0.594	0.023	0.076	0.331	0.245	0.324	0.128
面子形象		0.713	0.636	0.005	0.017	0.000	0.152

续表

潜变量	务实节俭	面子形象	中庸从众	独立自主	物质享受	情感归属	谨慎保守
中庸从众			0.731	0.000	0.022	0.016	0.182
独立自主				0.625	0.624	0.295	0.050
物质享受					0.538	0.325	0.071
情感归属						0.653	0.067
谨慎保守							0.644

注：（1）表中对角线上数值为各个潜在变量的平均方差抽取量 AVE 值；（2）对角线右上方为各个潜变量间相关系数平方。

经过验证性因子分析，消费价值观测量模型的信度与效度均达到要求，可进行下一步的结构模型的检验分析。

二 旅游动机

1. 模型设定

根据研究的结果和相关分析的结论，第五章对旅游动机量表进行了初测试并根据相关原则删除了部分题项后，根据探索性因素分析的结果，并考虑第五章的研究结论及本章的相关分析结果，将 8 个旅游动机潜变量纳入测量模型进行检验，每个潜变量有 2—3 个测量指标，共涉及 20 个测量指标。

2. 模型识别

根据第四节关于模型识别的充分条件和必要条件的分析，在验证性因子分析中，t - 法则是模型可识别的必要条件。本模型中，测量指标共 20 个，样本协方差矩阵独特元素或数据点 = 15（15 + 1）/2 = 210 个，模型中被估计的参数（自由参数）有 68 个，模型的自由度为 142，说明模型满足可识别的必要条件。

同时考虑模型可识别的充分条件，根据两指标法则，本模型的每个潜在变量有两个或两个以上的测量指标，每个指标只测量一个潜变量，对于每一个潜变量，至少有另一个潜变量与之相关，因此，本模型满足模型识别的充分条件。

旅游动机模型识别的必要条件和充分条件都满足，因此模型可识别。

3. 模型评价

本研究采用最大似然估计法（ML），在取得了参数估计值后，对整个模型与数据之间的拟合进行评估。结果如表6-4所示。

表6-4　　　　　　旅游动机测量模型的验证性因子分析

测量指标	标准化因子载荷	信度系数	测量误差	CR	AVE
新奇				0.703	0.542
B1	0.725	0.526	0.474		
B2	0.747	0.558	0.442		
放松				0.737	0.584
B3	0.735	0.540	0.460		
B4	0.792	0.628	0.372		
关系强化				0.832	0.623
B6	0.800	0.640	0.360		
B7	0.845	0.714	0.286		
B8	0.718	0.515	0.485		
独立自主				0.813	0.686
B9	0.899	0.808	0.192		
B10	0.751	0.565	0.435		
关系（安全感）				0.751	0.604
B22	0.687	0.472	0.528		
B23	0.858	0.736	0.264		
自我实现				0.844	0.644
B24	0.834	0.696	0.304		
B25	0.842	0.710	0.290		
B26	0.726	0.527	0.473		
怀旧				0.867	0.766
B27	0.910	0.828	0.172		
B28	0.839	0.704	0.296		

测量指标	标准化因子载荷	信度系数	测量误差	CR	AVE
认同				0.902	0.697
B29	0.770	0.592	0.408		
B30	0.839	0.704	0.296		
B31	0.923	0.853	0.147		
B32	0.799	0.639	0.361		
拟合优度指标	$\chi^2 = 367.205$，$\chi^2/df = 2.586$				
	GFI = 0.905，AGFI = 0.860，CFI = 0.944，NFI = 0.913，RMSEA = 0.065				

从表 6 - 4 可以看出，整体模型各项拟合指标除 AGFI 外均达到优度的标准，可以认为测量模型拟合情况良好，可以接受该测量模型。

4. 模型修正

如果模型评价后发现模型不能很好地拟合数据，就需要对模型进行修正，也就是说要重复进行模型的设定、识别、估计、评价和修正 5 个步骤，直到模型的拟合指数达到拟合优度要求为止。根据表 6 - 4 的拟合指标可以看出，模型的拟合度很好，因此测量模型不需要修正。测量模型路径图见图 6 - 5。

5. 信效度检验

潜在变量的组合信度（CR）为模型内在质量的判别标准之一，若是潜在变量的组合信度在 0.6 以上，表示模型的内在质量理想。表 6 - 4 显示，8 个测量因子的组合信度系数在 0.703—0.902 之间，均大于 0.6，表示模型内在质量佳。

另外一个与组合信度类似的指标为平均方差抽取量（AVE），由表 6 - 4 可以看出，8 个潜在变量的 AVE 值介于 0.542—0.766 之间，都超过了 0.5 的可接受水平。由此可见，消费价值观的所有潜在变量都具有较高的收敛效度。在判别效度方面，从 8 个潜变量的 AVE 值与潜变量之间相关系数平方的比较可以看出，如表 6 - 5 所示，潜变量的 AVE 值介于 0.542—0.766 之间，潜变量的 AVE 值均远远高于潜变量间相关系数平方。由此可见，消费价值观的所有潜变量都具有较高的判别效度。

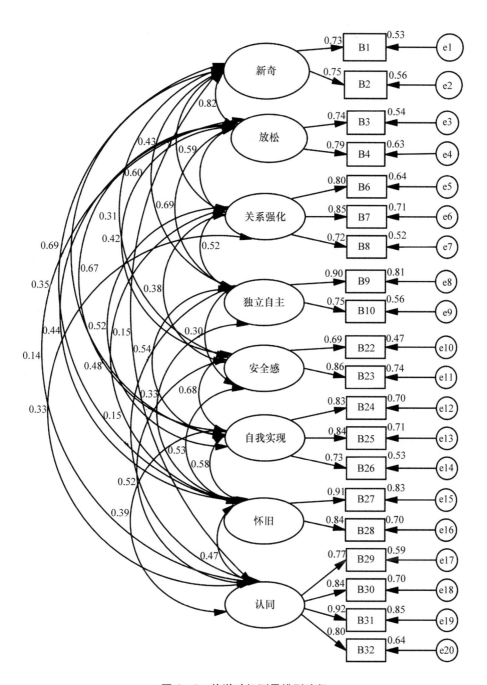

图 6 - 5　旅游动机测量模型路径

表6-5　　　　　　　旅游动机量表中潜变量的判别效度

潜变量	新奇	放松	关系强化	独立自主	关系(安全感)	自我实现	怀旧	认同
新奇	0.542	0.674	0.228	0.355	0.097	0.346	0.120	0.023
放松		0.584	0.346	0.472	0.174	0.456	0.191	0.020
关系强化			0.623	0.272	0.144	0.268	0.228	0.111
独立自主				0.686	0.090	0.293	0.107	0.023
关系(安全感)					0.604	0.469	0.276	0.274
自我实现						0.644	0.339	0.152
怀旧							0.766	0.219
认同								0.697

注：（1）表中对角线上数值为各个潜在变量的平均方差抽取量 AVE 值；（2）对角线右上方为各个潜变量间相关系数平方。

经过验证性因子分析，旅游动机测量模型的信度与效度均达到要求，可进行下一步的结构模型的检验分析。

第六节　结构模型检验

在对测量模型验证分析的基础上，本节将对内部结构模型进行分析，考察理论模型（图6-3）的拟合程度，检验并验证消费价值观、旅游动机与旅游消费行为（出游频次和旅游花费）之间的关系。由于内在机制的结构比较复杂，很难清晰地在同一模型中对所有变量进行路径分析。因此，本节将把整体模型拆分成两部分，第一部分是以旅游动机为因变量，分析城镇老年人消费价值观对旅游动机变量的影响路径，以此来判断消费价值观与旅游动机关系。第二部分则是以出游频次和旅游花费为因变量，分析旅游动机对旅游消费行为的影响路径，以此来判断旅游动机对旅游消费行为的影响。

一　消费价值观对旅游动机的影响

1. 模型设定

本节首先对城镇老年人消费价值观对旅游动机因果模型进行验证。本章主要探究城镇老年人消费价值观对旅游消费行为的影响机制，而本节首先验证消费价值观对旅游动机变量的影响机制，如图 6-3 所示，本节的结构模型中，包括 8 个潜变量，分别是务实节俭、面子形象、中庸从众、独立自主、物质享受、情感归属、谨慎保守、旅游动机。

2. 模型识别

本模型中，测量指标共 23 个，样本协方差矩阵独特元素或数据点 = 23（23＋1）/2 = 276 个，模型中固定参数有 33 个，待估计的自由参数有 67 个，其中包括 23 个路径系数、15 个相关系数、29 个方差，模型中所有参数共有 100 个（33 个固定参数、67 个自由参数），t = 67 < 276，满足模型可识别的必要条件 t - 法则。

同时考虑模型可识别的充分条件，根据两指标法则，本模型的每个潜在变量有两个或两个以上的测量指标，每个指标只测量一个潜变量，对于每一个潜变量，至少有另一个潜变量与之相关，因此，本模型满足模型识别的充分条件。

本结构模型识别的必要条件和充分条件都满足，因此模型可识别。

3. 模型评价

利用 AMOS 21.0 软件进行数据分析的结果显示，如表 6-6 所示，尽管个别指标差强人意，未达到满意的标准（如 CFI = 0.877 < 0.9），但总体来看，本结构模型的适配度还是可以接受的。结构模型的路径分析结果见图 6-6。

表 6-6　　　消费价值观对旅游动机影响的结构模型检验结果

影响路径	标准化因子载荷	显著性	假设检验结果
务实节俭→旅游动机	0.273	***	支持
面子形象→旅游动机	-0.087	0.388	不支持
中庸从众→旅游动机	0.214	**	支持
独立自主→旅游动机	0.297	**	支持
物质享受→旅游动机	0.145	*	支持
情感归属→旅游动机	0.325	***	支持
谨慎保守→旅游动机	0.030	0.550	不支持
拟合优度指标	$\chi^2 = 681.124$, $\chi^2/df = 3.259$		
GFI = 0.907，AGFI = 0.925，CFI = 0.877，NFI = 0.933，RMSEA = 0.078			

注：***、**、* 分别表示显著性水平为 0.001、0.05、0.1。

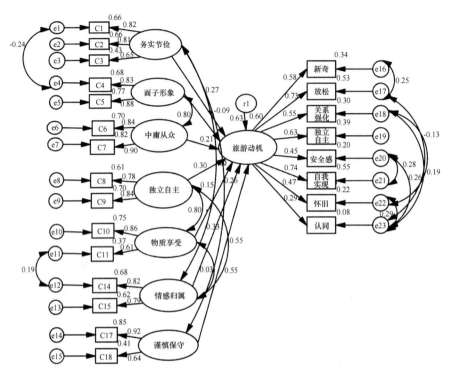

图 6 - 6   消费价值观对旅游动机影响的结构模型路径图

4. 结论

在结构方程模型分析的基础上，针对消费价值观对旅游动机影响路径的显著性进行了检验，结果表明：城镇老年人务实节俭价值观和旅游动机的回归系数显著为正，从实证结果看，务实节俭对旅游动机表现为正向影响，对于这一实证结果有待进一步验证；中庸从众和旅游动机的回归系数显著为正，说明城镇老龄化群体从众心理越强，旅游动机越强烈；其独立自主和旅游动机的回归系数显著为正，说明城镇老龄化群体独立自主理念得分越高，其旅游动机越强，随着现代城镇老龄化群体独立自主理念的提高，以及家庭结构小型化，使老龄化群体的生活自主能力提高，期望通过包括旅游消费在内的现代生活方式，提高生活质量；而物质享受和旅游动机的回归系数显著为正，说明老龄化群体逐渐受到现代消费方式的影响，其物质享受得分越高，其旅游动机越强；情感归属显著影响旅游动机，并且与旅游动机的回归系数最强，说明老龄化群体受中国传统家庭情感的价值影响，情感归属感越强，越期望通过旅游消费实现家庭情感的幸福诉求。

二 旅游动机对旅游消费行为的影响

1. 模型设定

本节将验证旅游动机对旅游消费行为的影响作用。如图 6 - 3 所示，假设的结构方程模型由一个测量模型和两个结果变量组合而成，一个外因潜在变量为旅游动机，内因结果变量为出游频次和旅游花费。

2. 模型识别

本模型中，测量指标共 10 个，样本协方差矩阵独特元素或数据点 = 10（10 + 1）/2 = 55 个，模型中固定参数有 11 个，待估计的自由参数有 26 个，其中包括 9 个路径系数、6 个相关系数、11 个方差，模型中所有参数共有 37 个（11 个固定参数、26 个自由参数），t = 26 < 55，满足模型可识别的必要条件 t – 法则。

同时考虑模型可识别的充分条件，根据两指标法则，本模型的每个潜在变量有两个或两个以上的测量指标，每个指标只测量一个潜变量，对于每一个潜变量，至少有另一个潜变量与之相关，因此，本模型满足模型识别的充分条件。

本结构模型识别的必要条件和充分条件都满足，因此模型可识别。

3. 模型评价

利用 AMOS 21.0 软件进行数据分析的结果显示，如表 6 - 7 所示，总体来看，本结构模型的各项适配度指标均符合模型适配标准，假设的结构模型还是可以接受的，此模型与样本数据的适配度良好。结构模型的路径分析结果见图 6 - 7。

表 6 - 7　　　　　旅游动机对旅游消费行为的结构模型检验结果

影响路径	标准化因子载荷	显著性	假设检验结果
旅游动机→出游频次	0.109	*	支持
旅游动机→旅游花费	0.017	*	支持
拟合优度指标	$\chi^2 = 88.419$, $\chi^2/df = 3.049$		
GFI = 0.955，AGFI = 0.915，CFI = 0.942，NFI = 0.918，RMSEA = 0.073			

注：* 表示显著性水平为 0.1。

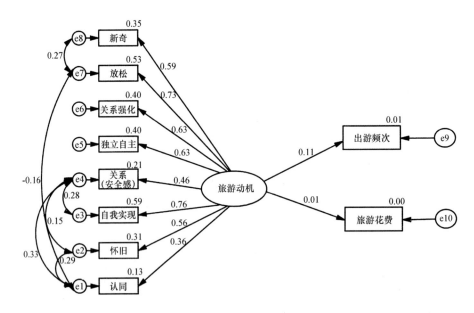

图 6 - 7　旅游动机对旅游消费行为影响的结构模型路径

4. 结论

在结构方程模型分析的基础上，对旅游动机对旅游消费行为影响路径的显著性进行了检验，结果表明：城镇老年人旅游动机与出游频次和旅游花费的回归系数都显著为正，和第五章的实证结果大体一致。说明城镇老年人旅游动机得分越高，其对旅游消费行为越具有积极效应。从问卷分析及结构方程模型的路径系数研究发现，新奇、放松、关系强化、独立自主、自我实现、怀旧等观察变量的路径系数都具有较高的因子负荷，说明城镇老年人旅游动机越强烈，旅游消费意愿也随之增加，对旅游消费行为的影响也越强烈。

三　旅游动机变量的中介效应分析

在多变量分析中，除了考虑自变量对因变量的影响外，经常还会涉及中介变量。按照 Baron 和 Kenny① 的观点，中介变量（mediator variable）

---

① Baron, R. M., & Kenny, D. A, "The Moderator-mediator Variable Distinction in Social Psychological Research: Conceptual, Strategic, and Statistical Considerations", *Journal of Personality and Social Psychology*, Vol. 51, No. 6, 1986.

是"一种生成机制，通过这种机制，所关注的自变量能够对感兴趣的因变量产生影响"。中介效应分析的一般模型如图6-8所示。Baron和Kenny[1]基于中介作用关系提出可以通过三个步骤来检验中介效应。第一步，自变量X必须与中介变量M显著相关，如图中路径a；第二步，自变量X必须与因变量Y显著相关，如路径c，如果这种关系不存在，则不存在受中介变量影响的路径；第三步，当因变量Y同时回归于中介变量M（路径b）与自变量X（路径c'）时，自变量X与因变量Y之间的关系强度，必须弱于因变量Y仅回归于自变量X时的关系强度。具体验证过程如下：

$$Y = cX + e_1 \tag{6-1}$$

$$M = aX + e_2 \tag{6-2}$$

$$Y = c'X + bM + e_3 \tag{6-3}$$

图6-8中，c是X对Y的总效应，ab是经过中介变量M的间接效应（即中介效应），c'是直接效应。如果直接效应>间接效应，表示中介变量不发挥作用，可忽略此中介变量；如果直接效应<间接效应，表示中介变量具有影响力。无论变量是否涉及潜变量，都可以用结构方程模型分析中介效应。本节将按照上述验证过程，对旅游动机在城镇老年人旅游消费行为中的中介效应进行检验。

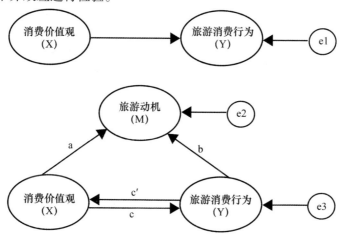

图6-8　中介效应分析模型

① Baron, R. M., & Kenny, D. A, "The Moderator-mediator Variable Distinction in Social Psychological Research: Conceptual, Strategic, and Statistical Considerations", *Journal of Personality and Social Psychology*, Vol. 51, No. 6, 1986.

1. 旅游动机变量在消费价值观对旅游消费行为影响过程的中介作用

按照验证步骤，首先检验消费价值观对旅游消费行为的直接作用，运行 AMOS 21.0 软件，得到结构模型如图 6 - 9 所示。

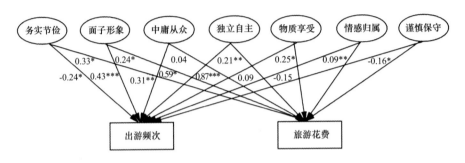

图 6 - 9　消费价值观对旅游消费行为的直接作用

从结构模型来看，城镇老年人消费价值观中除情感归属和谨慎保守变量外，其他消费价值观变量均对出游频次具有直接影响作用。从对旅游花费的影响来看，除中庸从众外，其他消费价值观变量均对旅游花费具有直接影响作用。从模型各拟合指标来看，如表 6 - 8 所示，基本达到满意标准，模型适配度较好。

表 6 - 8　消费价值观对旅游消费行为直接作用的结构模型拟合指标

χ^2	χ^2/df	GFI	AGFI	CFI	NFI	RMSEA
47. 406	3. 647	0. 974	0. 911	0. 952	0. 937	0. 083

检验消费价值观对旅游动机的直接作用，运行 AMOS 21.0 软件，得到结构模型如图 6 - 10 所示。

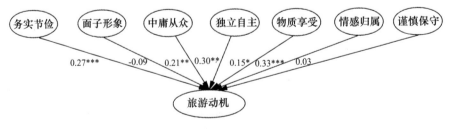

图 6 - 10　消费价值观对旅游动机的直接作用

从结构模型来看，城镇老年人消费价值观中除面子形象和谨慎保守变量外，其他消费价值观变量均对旅游动机具有显著影响作用。从模型各拟合指标来看，如表6-9所示，基本达到满意标准，模型适配度较好。

表6-9　　消费价值观对旅游动机直接作用的结构模型拟合指标

χ^2	χ^2/df	GFI	AGFI	CFI	NFI	RMSEA
681.124	3.259	0.907	0.925	0.877	0.933	0.078

第五节通过结构模型已验证了旅游动机对旅游消费行为的直接作用，结构模型如图6-11所示。

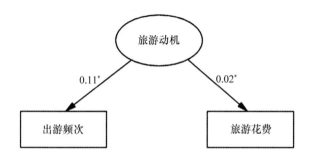

图6-11　旅游动机对旅游消费行为的直接作用

从结构模型来看，旅游动机对出游频次和旅游花费均具有显著影响，各拟合指标达到满意标准，模型适配度较好，结果见表6-10。

表6-10　　旅游动机对旅游消费行为直接作用的结构模型拟合指标

χ^2	χ^2/df	GFI	AGFI	CFI	NFI	RMSEA
88.419	3.049	0.955	0.915	0.942	0.918	0.073

最后验证了旅游动机对旅游消费行为的中介效应机制，结构模型如图6-12所示。从结构模型来看，务实节俭、中庸从众和物质享受通过旅游动机对出游频次的间接效应大于直接效应，务实节俭、面子形象、独立自主、情感归属通过旅游动机对旅游花费的间接效应同样大于直接效应，说明旅游动机在消费价值观对旅游消费行为的影响过程中具有中介效应。模型的拟合程度整体令人满意，模型适配度较好，结果见表6-11。

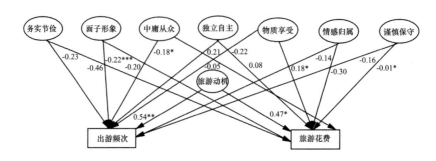

图 6 - 12　加入中介变量的结构方程模型

表 6 - 11　　　　　　　　**加入中介变量的结构方程模型拟合指标**

χ^2	χ^2/df	GFI	AGFI	CFI	NFI	RMSEA
47.484	3.653	0.977	0.902	0.964	0.953	0.083

2. 中介作用总结

本节根据 Baron 和 Kenny[1] 所提出的对中介效应的评估步骤,对旅游动机变量在城镇老年人旅游消费行为中的中介效应进行了检验。从实证分析结果来看,在城镇老年人旅游消费行为的影响机制中,旅游动机变量起到了中介效应,消费价值观变量通过旅游动机间接影响旅游消费行为。表 6 - 12 反映了结构方程模型各潜变量之间的间接效应和总效应。由此可见,旅游动机在城镇老年人消费价值观与其旅游消费行为间扮演着桥梁作用。

表 6 - 12　　　**结构模型潜变量之间直接效应、间接效应和总效应**

影响路径	直接效应	间接效应	总效应
务实节俭→出游频次	0.227	0.147	- 0.080
面子形象→出游频次	0.223	- 0.034	0.189
中庸从众→出游频次	- 0.182	0.043	- 0.139
独立自主→出游频次	0.209	0.098	0.306
物质享受→出游频次	- 0.224	0.102	- 0.122

---

① Baron, R. M., & Kenny, D. A, "The Moderator-mediator Variable Distinction in Social Psychological Research: Conceptual, Strategic, and Statistical Considerations", *Journal of Personality and Social Psychology*, Vol. 51, No. 6, 1986.

续表

影响路径	直接效应	间接效应	总效应
情感归属→出游频次	-0.142	0.134	-0.008
谨慎保守→出游频次	-0.164	0.016	-0.148
务实节俭→旅游花费	-0.457	0.128	-0.329
面子形象→旅游花费	-0.199	-0.030	0.229
中庸从众→旅游花费	-0.050	0.038	-0.013
独立自主→旅游花费	0.075	0.085	0.160
物质享受→旅游花费	0.183	0.089	0.272
情感归属→旅游花费	-0.295	0.117	-0.178
谨慎保守→旅游花费	-0.014	-0.072	-0.086
旅游动机→出游频次	0.535	0.000	0.535
旅游动机→旅游花费	0.466	0.000	0.466

上述研究结论显示，旅游动机对城镇老年人旅游消费行为的中介效应主要反映在以下 6 条"因果链"中。

（1）务实节俭→旅游动机→出游频次；

（2）中庸从众→旅游动机→出游频次；

（3）物质享受→旅游动机→出游频次；

（4）务实节俭→旅游动机→旅游花费；

（5）独立自主→旅游动机→旅游花费；

（6）情感归属→旅游动机→旅游花费。

第七节 结论与讨论

本章是在第五章的研究成果基础上，进一步从消费价值观的视角，深入探究城镇老年人旅游消费行为的内在机制。嵌入旅游情境下城镇老年人消费价值观如果能较准确地描述内心的终极状态，意味着能解释老年人为什么进行旅游消费，通过关联路径透视消费价值观、旅游动机与旅游消费行为之间为何相关，以及如何相关的机制原理。本章通过验证性因子分析实证检验了消费价值观量表和旅游动机量表，并通过结构方程模型分析了城镇老年人消费价值观对旅游动机的影响路径，以及旅游动机对旅游消费行为的影响。通过以上分析，揭示了城镇老年人消费价值观对旅游消费行为的内在作用机制。

通过本章对测量模型、结构模型的验证以及对旅游动机变量中介效应的实证检验，对于城镇老年旅游者来说，消费价值观的 7 个维度、旅游动机与旅游消费行为都有不同程度和方向的路径关系，本章所提出的概念模型基本得到支持。由于影响出游频次和旅游花费的因素并不完全相同，因此消费价值观对旅游动机与旅游消费行为的作用路径也不完全相同。根据实证结果修正后的模型如图 6 - 13、图 6 - 14 所示。

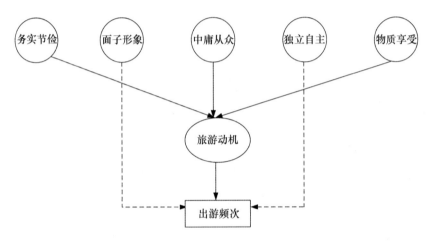

图 6 - 13　消费价值观与出游频次结构关系的验证模型

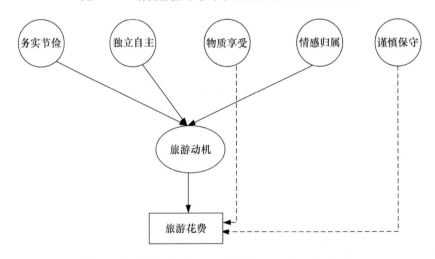

图 6 - 14　消费价值观与旅游花费结构关系的验证模型

城镇老年人消费价值观根植于中国传统文化，也受到中国现代化进程的影响以及西方文化的熏染，塑造了异质性的旅游消费行为。本章研究发现，城镇老年人消费价值观中的中庸从众、独立自主、物质享受、情感归属等维度对旅游动机都有显著的影响。从消费价值观的影响作用和具体表现来看，从众心理越强的个体，行为意向较容易受到周围群体的影响，旅游动机越强。同时随着家庭结构小型化，城市老龄群体独立自主的理念提高和物质享受的现代消费观的增强，越来越期望通过包括旅游消费在内的现代生活方式，提高生活质量。并且家庭情感价值诉求越强，愈加期望通过旅游消费达到增进家庭成员感情的目的。

关于旅游动机变量对旅游消费行为的影响，新奇、放松、关系强化、独立自主、自我实现、怀旧等观察变量的路径系数都具有较高的因子负荷，说明城镇老龄群体旅游动机越强，对旅游消费行为的积极影响越显著。

第八节 本章小结

本章在第五章研究成果的基础上，基于理论分析构建城镇老年人消费价值观对旅游消费行为的影响机制模型，在此基础上，运用验证性因子分析、结构方程模型、多群组结构方程模型等方法探讨城镇老年人消费价值观对旅游消费行为的影响机制。通过本章研究，旅游消费行为的机制模型得到支持，对旅游消费行为的内在机制得到了实证检验。主要结论如下。

第一，通过结构方程模型分析了城镇老年人消费价值观对旅游动机的影响路径，以及旅游动机对旅游消费行为的影响。研究结果表明：城镇老年人中庸从众和旅游动机的回归系数显著为正，中庸从众得分越高其旅游动机得分越高，说明城镇老龄化群体从众心理越强，旅游动机越强烈；其独立自主和旅游动机的回归系数显著为正，说明城镇老年人独立自主理念得分越高，其旅游动机越强；物质享受和旅游动机的回归系数显著为正，说明城镇老年人逐渐受到现代消费方式的影响，其物质享受得分越高，旅游动机越强；情感归属显著影响旅游动机，并且与旅游动机的回归系数最强，说明城镇老年人归属感越强，越期望通过旅游消费实现家庭情感或友情的幸福诉求。同时城镇老年群体旅游者旅游动机对出游频次和旅游花费影响显著为正。

第二，通过中介变量分析，发现旅游动机变量在城镇老年人消费价值观对旅游消费行为的影响过程中具有中介效应。实证结果显示，旅游动机对老年群体旅游消费行为的中介效应主要反映在 6 条"因果链"中：务实节俭→旅游动机→出游频次、中庸从众→旅游动机→出游频次、物质享受→旅游动机→出游频次、务实节俭→旅游动机→旅游花费、独立自主→旅游动机→旅游花费、情感归属→旅游动机→旅游花费。由此可见，旅游动机在城镇老年人消费价值观与其旅游消费行为间扮演着桥梁作用。

通过本章对测量模型、结构模型的验证以及对旅游动机变量中介效应的实证检验，对于城镇老年旅游者来说，消费价值观的 7 个维度、旅游动机与旅游消费行为都有不同程度和方向的路径关系，本章所提出的概念模型基本得到支持。

第七章

城镇老年人与准老年人
旅游消费行为比较

老年人和准老年人是具有代际分化的非同质群体，由于成长的社会环境和经历历史事件的不同，老年人和准老年人存在价值观的差异，这对老龄化群体包括旅游消费行为在内的消费行为差异产生重要影响。本章将对城镇老年人和准老年人进行纵向比较研究，运用量表探究城镇老年人和准老年人在各消费价值观维度上的差异，分析比较其旅游消费行为的差异，检验不同代际对城镇老年人和准老年人旅游消费行为的调节效应，在此基础上，分析比较城镇老年人和准老年人旅游消费行为影响机制路径的差异。

第一节　城镇老年人与准老年人
消费价值观的比较

老龄化群体是具有代际分化的异质性群体，包括已经步入老年阶段的老年人和未来即将补充步入老年群体的准老年人。中华人民共和国成立初期的第一个出生高峰的人口已经逐渐进入老年，受人口惯性规律的作用，第二个出生高峰的人口将于 2022 年开始进入老年阶段。现阶段的老年人和准老年人有着不同的成长经历，由此形成的价值观存在差异，根植于中国传统文化的价值观在代际传承的同时，随着社会发展进程，也在发生着嬗变与重组，价值观的差异势必会对包括旅游消费行为在内的消费行为产生重要影响。

本节采用经信效度分析后的消费价值观量表，对城镇老年人和准老年人的消费价值观作纵向对比研究。准老年人数据采用正式调研中 45—59

岁的样本 150 个；再从 229 个 60 岁及以上的样本中随机抽取 150 个样本，作为对比样本。为了尽可能消除其他变量对代际比较的影响，对于样本的性别比例进行了控制，与准老年人的男女比例保持一致，即先从男性样本中随机抽取 74 个样本，再从女性样本中随机抽取 76 个样本，最后组成需要跟准老年人对比的 150 个样本。城镇老年人和准老年人样本的分布情况见表 7 - 1。

表 7 - 1　　　　　城镇老年人和准老年人样本分布对比一览

样本分类	样本特征	样本分布比例（%）	
		老年人	准老年人
性别	男	49	49
	女	51	51
受教育程度	小学或以下	8.8	2.3
	初中	12.4	18.3
	高中/中专	21.2	17.6
	大专	22.1	17.9
	本科	27.4	35.9
	研究生	8	8
职业	国家机关、党群、组织、企事业单位负责人	6.2	5
	专业技术人员	9.7	12
	办事人员和有关人员	53.1	40.9
	商业、服务业人员	8.8	15
	其他	22.1	27.2
月收入	1000 元以下	8.8	6.3
	1000—1999 元	5.3	9.6
	2000—2999 元	20.4	14.0
	3000—4999 元	27.4	35.2
	5000—7999 元	22.1	22.6
	8000—14999 元	7.1	6.3
	15000 元以上	8.8	6

样本分类	样本特征	样本分布比例（%）	
		老年人	准老年人
家庭结构	核心家庭	7.1	34.2
	主干家庭	31.9	16.6
	联合家庭	5.3	2.7
	其他家庭	55.8	46.5

本节采用独立样本 T 检验对城镇老年人和准老年人消费价值观进行比较。表 7－2 是比较结果。

表 7－2　　　　　　城镇老年人和准老年人消费价值观差异

价值观	老年人	准老年人	t 值	Sig.
务实节俭	4.09	3.89	0.166	0.868
面子形象	3.78	3.70	－ 0.537	0.195
中庸从众	3.67	3.24	－ 0.758	0.244
独立自主	3.95	4.05	1.203	0.037
物质享受	3.62	3.75	1.711	0.088
情感归属	4.06	3.97	1.162	0.264
谨慎保守	3.45	3.40	0.603	0.157

城镇老年人消费价值观中的务实节俭、面子形象、中庸从众、情感归属和谨慎保守的均值都高于准老年人，T 检验显示在独立自主和物质享受维度上存在显著差异。

现在的老年人大多出生于中华人民共和国成立前后，这一代人人生的绝大部分时期处在计划经济时代，这一代人的开放性较低。从小受到艰苦朴素、勤俭节约的教育，他们生活俭朴。同时，他们受中国传统文化教育较多，受西式生活方式影响较弱，关注家庭。他们受教育年限较短，平均低于高中文化水平，收入相对较少。由于生活在国有、集体组织中，计划经济和指令气氛浓重，他们的集体主义意识很强，消费观念和消费行为具有明显的"社会取向"和"他人取向"，即便在改革开放后的今天，他们身上仍带有传统的时代烙印，消费水平低，生存型消费大于发展型消费和享受型消费。

而作为即将进入老年期的准老年人却体现出不同的特质，这一代人经历过 1978 年之后的恢复高考，有接受高等教育的机会，受教育程度较高，兴趣广泛，收入水平较高，消费欲望强烈，懂得追求自我，享受生活。这一代人世界观的形成期正是中国国门大开之时，对外开放与西方文化的输入，使这一代人的消费观念呈现出传统与现代、西方与本土并存与融合的状况。随着这些秉承享受生活、追求生活品质观念的准老年人未来逐渐进入老年阶段，他们比现在传统老年人更主动、更愿意、更舍得为满足自己较多的物质和精神需求而投入消费。同时随着家庭结构小型化以及空巢家庭比重的上升，准老年人较现在的老年人独立性更强，自由度和自我掌控能力进一步提高。因而，准老年人受传统消费观念制约弱于现在的老年人，更注重通过包括旅游消费在内的消费行为追求实现个体的独立发展和物质享受的价值目标。

第二节　城镇老年人与准老年人旅游消费行为特征差异

随着老龄化群体代际更替将会带来老年人和准老年人需求的变化，在老龄化群体更替视角下，老年人和准老年人存在代际差异。不同时代的人进入老年阶段后会表现出不同于上一代的多学科特征。在人口学和社会学基础上，老龄群体分析视角理论显示，不同队列的老年群体因其出生和成长环境不同，所受教育、经历的事件、所获得的机会有所不同，观念和行为明显具有差异性[1]，不同代际的消费者由于出生年代和成长经历不同，消费行为存在差异。从某种意义上讲，老年人的消费行为取决于他们的经历以及适应这种经历的方式[2]。研究证实，随着一个人年龄的增加，他

---

[1]　姚远、陈昫：《老龄问题群体分析视角理论框架构建研究》，《人口研究》2013 年第 2 期；姚远：《老龄社会发展理论：基于"群体—权益"要素的构建——〈国家应对人口老龄化战略研究〉的理论创新》，《老龄科学研究》2015 年第 5 期；姚远：《老龄群体更替：积极应对人口老龄化必须考虑的问题》，《西南民族大学学报》（人文社科版）2016 年第 11 期。

[2]　Moschis, George, P. , "Life Stages of the Mature Market", *American Demographics*, No. 9, 1996.

（她）与其他年龄层个体的行为差异就越大①。

第一节分析比较了城镇老年人和准老年人在消费价值观上的差异，价值观的差异势必会影响其各自的消费行为，本节将进一步研究比较城镇老年人和准老年人旅游消费行为特征的差异。本部分使用的主要变量名称与描述如表7－3所示。

表7－3　城镇老年人和准老年人旅游消费行为特征比较所使用的主要变量

变量名称	变量描述	均值	标准差
游伴	独自出行、与子女同行、夫妻同行、与亲友或同事同行	3.06	0.954
出游方式	旅行社报团、自由行、民间组织、单位组织、社区组织	1.85	0.733
旅游偏好	自然风光类、休闲疗养类、历史文化类、活动类	1.86	0.916
目的地选择	省外游、省内游、周边游	1.61	0.791
旅游花费	1000元以下、1001—2000元、2001—3000元、3001—4000元、4001—5000元、5000元以上	3.48	1.651
出游频次	1次、2次、3次、4次及以上	1.93	1.034

不同代际对旅游消费行为各变量的T检验结果见表7－4。在0.05的显著水平下，旅游偏好、旅游花费和出游频次存在显著差异。在旅游偏好上，准老年人对于休闲度假、养生保健等休闲疗养类的偏好显著高于老年人，相比较，老年人更偏好于自然风光类。旅游动机是驱使旅游消费行为产生的心理动力，不同代际所表现出的内在心理动机存在差异性，群体内呈现相似性。作为群体，中老年旅游者对旅游产品的这种心理感受便呈现出明显的群体性偏好②。在旅游消费水平上，不同代际的旅游群体中，准老年人的旅游消费水平相对较高，一方面准老年人收入水平较高；另一方面消费观念更加积极开放，"重积蓄、轻消费，重子女、轻自己"的传统

① Atchley, William, R., "Developmental Quantitative Genetics and the Evolution of Ontogenies", *Evolution*, Vol. 41, No. 2, 1987.

② 黎筱筱、马晓龙：《基于群体心理特征的老年旅游产品谱系构建——以关中地区为例》，《人文地理》2006年第1期。

观念逐渐被摒弃，准老年人一代已不再满足于基本的生活需要，而是对丰富和享受生活拥有强烈愿望。花钱买健康、花钱买时尚、花钱买快乐等观念正成为这一代群体的追求。此外，现代城市家庭小型化比例越来越大，使父母和子女的独立性增强了，个体自由度得到提高，也促使其具有较高的独立自主的消费决策。相比较，传统消费观念比较根深蒂固的传统老年人更加勤俭节约，影响了这一群体旅游消费水平的提升。在出游频次上，老年人高于准老年人，调研数据显示，73%的准老年人尚未退休，时间上不能保证多次出游的意愿。与准老年人不同，对于60岁及以上的老年人来讲，他们中的绝大多数人已经退休，拥有大量的自由时间，他们的生活标志主要是闲暇，通过旅游可以满足老年人对往日蹉跎岁月的怀旧与追思，对过去的遗憾和不满足的补偿也会成为他们消费的动因，因此旅游消费意愿较为强烈。

表 7 - 4　　　　　　不同代际和旅游消费行为关系的 T 检验分析

旅游消费行为	均值差异比较		均值	
	老年人	准老年人	t 值	Sig.
游伴	3.10	3.05	- 0.461	0.645
出游方式	1.86	1.89	- 0.072	0.843
旅游偏好	1.79	2.09	0.024	0.021
目的地选择	1.52	1.63	1.338	0.182
旅游花费	3.04	3.51	- 0.074	0.015
出游频次	2.03	1.91	- 1.134	0.000

总体而言，城镇老年人和准老年人存在代际差异，不同代之间的旅游消费行为存在差异，这除了与年龄、受教育程度、收入等人口特征、家庭结构、社会保障等外在因素有关外，消费价值观是消费行为深层次的内在决定因素，也是促成消费行为差异化的深层原因。

第三节　不同代际对旅游消费行为的调节效应

城镇老龄化群体处于代际更替阶段，在社会变革过程中，个体根据社会环境调整价值观体系，不同代际的消费者因经历不同而存在代际的消费差异。本章第一节、第二节分别从消费价值观和旅游消费行为对城镇老年人和准老年人进行了比较，那么，不同代际的消费价值观对旅游消费行为的作用机制是否存在显著差异？为验证此假设，本节将采用多群组结构方程来检验不同代际是否具有调节作用，以此检验代际变量对城镇老年人和准老年人旅游消费行为机制路径影响的差异。

多群组结构方程模型在于探究假设模型是否同时适配于不同样本群组，即评估假设模型在不同样本群组间的参数是否具有不变性，目的在于检验相似模型在不同群组间的差异。本节运用多群组分析以代际为调节变量，进行各种参数限制，找出与样本数据适配的最佳路径模型。通过对未限制模型和限制模型输出结果适配度比较分析，模型的 RMSEA 值均小于0.08 的适配临界值，GFI 值、AGFI 值、CFI 值、NFI 值等均达到 0.90 的标准值，说明多群组模型与样本数据适配良好，在均具有跨群组效度的模型中，未限制模型是最佳模型，因此本节最终选择未限制模型作为多群组分析模型。多群组分析结果见表 7 - 5。

表 7 - 5　城镇老年人和准老年人不同代际的多群组结构模型检验结果

影响路径	路径系数	
	老年人（60 岁及以上）	准老年人（45—59 岁）
务实节俭→旅游动机	0.237 ***	0.111 **
面子形象→旅游动机	0.076 **	0.060
中庸从众→旅游动机	0.254 ***	0.033 *
独立自主→旅游动机	0.109	0.151 ***
物质享受→旅游动机	0.124	0.162 ***
情感归属→旅游动机	0.107 **	0.205 ***
谨慎保守→旅游动机	- 0.011	0.099 **
旅游动机→旅游花费	0.141 **	0.532 **
务实节俭→旅游花费	- 0.522 **	- 0.027
面子形象→旅游花费	0.103	0.258 *
中庸从众→旅游花费	0.174	0.071
独立自主→旅游花费	0.161	0.363 **

影响路径	路径系数	
	老年人（60 岁及以上）	准老年人（45—59 岁）
物质享受→旅游花费	0.060	0.276
情感归属→旅游花费	0.246	− 0.194
谨慎保守→旅游花费	− 0.232 *	− 0.025
旅游动机→出游频次	0.161 **	0.252 **
务实节俭→出游频次	− 0.417	− 0.053
面子形象→出游频次	0.094	0.114
中庸从众→出游频次	− 0.049	− 0.176 **
独立自主→出游频次	0.160	0.217
物质享受→出游频次	0.109	0.167
情感归属→出游频次	0.090	− 0.087
谨慎保守→出游频次	− 0.209	− 0.069

　　从表 7-5 可以看出，代际对于消费价值观、旅游动机与旅游消费行为之间的路径关系存在调节效应。其共同之处：务实节俭对旅游动机的影响在不同水平上通过了检验，中庸从众对旅游花费影响不显著，情感归属对出游频次和旅游花费没有显著影响，旅游动机对出游频次和旅游花费有显著正面影响。上述结果与全模型分析结论一致。

　　城镇老年旅游者和准老年旅游者在机制路径上存在一定差异，具体表现在：务实节俭对城镇老年旅游者的旅游花费有负向影响，而对城镇准老年旅游者的旅游花费影响不显著，其对老年旅游者和准老年旅游者的出游频次影响不显著。务实节俭是中国传统文化烙下印记的价值取向，得以长期持久的代际传承，旅游消费行为也受到中国传统价值观的直接或间接影响。中华人民共和国成立前后出生的老年人仍然秉承克勤克俭的消费观念，对于旅游花费，表现出较为显著的负向效应。相对而言，物质享受是带有自我享乐特征的个人主义价值观，受西方文化的熏染，随着世代的年轻化呈递增态势，其对准老年旅游者旅游动机影响显著，但对老年旅游者和准老年旅游者的旅游花费均影响不显著，说明具有现代消费观特征的物质享受在老年人和准老年人的旅游消费行为中表现得尚不明显。

　　传统的面子观影响中国人的日常行为，然而从实证结果看，面子形象仅对准老年人的旅游花费呈显著正面影响，而对老年旅游者的旅游花费影响并不显著。面子消费的前提是消费对象具有象征性价值，希望通过消费获取他人的某种身份认同。旅游消费行为体现了象征性价值，然而对于当前的老年人，象征性价值显得不太重要，旅游消费的面子形象认可度较低，总体而言对旅游消费行为的影响较弱。

独立自主对准老年旅游者的旅游动机和旅游花费均有显著的正向影响效应，而对老年旅游者影响并不显著。出生成长于中华人民共和国成立前后的老年人与60年代前后出生的即将进入老年期的准老年人，由于经历的社会背景不同，形成了不同的消费观念和消费方式，准老年人与现在传统的老年人相比，自主性和主动性明显，拥有更加积极和开放的消费理念，参与观念更强，旅游消费正成为这一代准老年群体的价值诉求，对于旅游消费表现更加显著，其消费行为也体现了杨国枢[①]提炼的平权开放、独立自顾、乐观进取等体现现代性的消费价值观念。

谨慎保守对老年人的旅游消费行为影响显著，对旅游花费表现出显著的负向效应，当前的老年人由于经历了三年自然灾害、"大跃进"、"文化大革命"等一系列社会事件，经历过计划经济时期的消费，他们仍带有过去传统的烙印，对于未来不确定性的预期有所增加，与准老年人相比，生存型消费需求的比例较高，而对于旅游消费这样的享受型消费，具有更强的自我控制能力，因此旅游消费意愿较低，对旅游消费行为有负向影响。

中庸从众和情感归属对老年旅游者和准老年旅游者的旅游动机具有显著影响，中庸从众对准老年人的出游频次具有显著的负向影响，而情感归属对于旅游消费行为的代际差异影响不显著。

通过多群组分析验证了代际对城镇老年人和准老年人旅游消费行为影响路径具有显著调节效应，显著调节消费价值观、旅游动机与旅游消费行为之间的影响路径关系，城镇老年人和准老年人的旅游消费行为影响机制路径存在显著差异。代际的调节效应在假设的多群组结构方程模型中体现得更为形象（见图7－1），通过对城镇老年人和准老年人消费价值观、旅游动机和旅游消费水平的显著性水平和影响方向的可视化描述，直观比较

① 杨国枢：《传统价值观与现代价值观能否同时并存？》，转引自杨国枢《中国人的价值观——社会科学观点》，台北：桂冠图书股份有限公司1994年版。

不同代际的旅游消费行为机制路径的不同。

城镇老年人和准老年人消费价值观的差异是形成旅游消费行为差异的内在深层次动因，而消费价值观的差异的主效应源于代际传承与嬗变，代际对旅游消费行为的作用路径具有显著的调节效应。不同代际对城镇老年人和准老年人务实节俭、面子形象、独立自主、物质享受、谨慎保守等消费价值观、旅游动机和旅游消费行为的作用路径、强度和方向的调节效应显著，表现出不同代际间，在消费价值观代际传承与嬗变过程中对旅游动机与旅游消费行为起到强化或弱化的调节影响，导致差异化的影响路径。

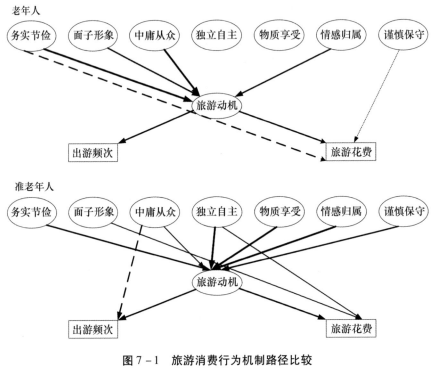

图 7 - 1　旅游消费行为机制路径比较

注：正面影响：──▶表示 *Sig.* <0.01；───▶表示 *Sig.* <0.05；────▶表示 *Sig.* <0.1
负面影响：──▶表示 *Sig.* <0.01；───▶表示 *Sig.* <0.05；┈┈┈▶表示 *Sig.* <0.1

第四节　本章小结

本章从城镇老年人和准老年人不同代际的视角，纵向比较了两代群体间消费价值观以及旅游消费行为的差异，在此基础上，分析验证了代际对城镇老年人和准老年人旅游消费行为机制路径的调节效应。主要结论如下。

第一，通过独立样本 T 检验对城镇老年人和准老年人消费价值观进行比较，结果显示，城镇老年人消费价值观中的务实节俭、面子形象、中庸从众、情感归属和谨慎保守的均值都高于准老年人，独立自主和物质享受维度上存在显著差异。因而，准老年人受传统消费观念制约弱于现在的老年人，更注重通过包括旅游消费在内的消费行为追求实现个体的独立发展和物质享受的价值目标。

第二，城镇老年人和准老年人旅游消费行为差异表现如下：旅游偏好、旅游花费和出游频次在不同代际间存在显著差异，而游伴、出游方式、目的地选择差异不显著。（1）老年人和准老年人在旅游偏好上存在显著差异，老年人更偏好于自然风光类，相比较，准老年人对于休闲度假、养生保健等休闲疗养类的偏好显著高于老年人。（2）在旅游消费水平上，准老年人的旅游消费水平相对较高，相比较，传统消费观念比较根深蒂固的老年人更加勤俭节约，影响了这一群体旅游消费水平的提升。（3）在出游频次上，老年人高于准老年人，反映了老年人拥有大量的自由时间，出游意愿较为强烈。

第三，通过多群组结构方程模型验证了代际对于城镇老年人和准老年人消费价值观对旅游消费行为的影响路径存在调节效应，城镇老年人和准老年人的旅游消费行为机制路径存在差异。结果显示，务实节俭对城镇老年旅游者的旅游花费有负向影响，而对城镇准老年旅游者的旅游花费影响不显著，其对老年旅游者和准老年旅游者的出游频次影响不显著；相对而言，物质享受对准老年人旅游动机影响显著，但对老年人和准老年人的旅游花费均影响不显著，说明具有现代消费观特征的物质享受在老年人和准老年人的旅游消费行为中表现得尚不明显；面子形象仅对准老年人的旅游花费呈显著正面影响，而对老年旅游者的旅游花费影响并不显著，总体而言对旅游消费行为的影响较弱；而独立自主对准老年人的旅游动机和旅游花费均有显著的正向影响效应，而对老年人影响并不显著；谨慎保守对老年人的旅游消费行为影响显著，对旅游花费表现出显著的负向效应；中庸从众和情感归属对老年旅游者和准老年旅游者的旅游动机具有显著影响，中庸从众对准老年人的出游频次具有显著的负向影响，而情感归属对于旅游消费行为的代际差异影响不显著。上述结论表明，不同代际的消费价值观对旅游消费行为影响机制路径存在显著差异，消费价值观渗透在旅游消费行为中，并引导和规范城镇老年人和准老年人的旅游消费行为，不同代际间消费价值观的传承与嬗变形成了差异化的旅游消费行为。

第八章

结论与建议

第一节　主要结论

中国城镇老龄化处于快速发展阶段，老龄群体规模不断扩大。在社会变革背景下，老年人的消费理念、消费取向以及消费行为开始发生一系列重大改变。旅游消费已经成为提升老年人生活品质的重要消费方式。本书以人口老龄化的快速发展为背景，首先从宏观视角预测并实证验证了城镇老龄化对国内旅游消费的冲击与影响趋势，在此基础上，将研究视角聚焦到微观层面，以城镇老年人旅游消费行为为研究对象，遵循"现状特征—影响因素—内在机制—政策建议"的研究思路，探讨城镇老年人旅游消费行为特征、从消费价值观视角透视其旅游消费行为的深层次的内在动因以及形成机制，并将城镇老年人和准老人的旅游消费行为进行纵向比较，最后提出相关政策建议。基于旅游消费行为的理论分析框架，采用作者本人的调研数据，通过阶梯访谈法、独立样本 T 检验、多分类 Logistic 回归、SEM、多群组 SEM 等定性和定量方法，得出主要结论如下。

第一，宏观层面，利用国内年度数据，考察城镇老龄化对国内旅游消费的影响。对城镇老年人口旅游消费水平的趋势预测结果表明，城镇老年人口比重与城镇老年人口旅游总人次和旅游总花费存在明显的相同增长趋势。实证分析进一步验证了预测结果，分析表明，无论是短期还是长期，城镇老龄化对国内旅游消费存在影响，并且从长期趋势看，随着城镇老龄化程度的加剧，这种冲击对国内旅游人次的影响较旅游花费效果更显著。

第二，从游伴和出游方式选择、旅游偏好、目的地选择、旅游花费、消费结构和出游频次等指标刻画城镇老年人旅游消费行为特征。城镇老年人旅游消费行为特征表现如下。

首先，城镇老年人在出游同伴选择上以夫妻共同出游或与子女一起出游的家庭出游为主，出游方式以自由行为主，占54%，其次是旅行社报团，其中，自由行的游客群体中，以与亲友或同事同行为主，旅行社报团以夫妻同行占主体。

其次，城镇老年人旅游偏好类型可分为四种：自然风光类、休闲疗养类、历史文化类和活动类，以游览自然风光为主，其次是健康疗养、度假和历史文化。

再次，城镇老年人旅游流主要流向省外，老年人更倾向于中远程距离的旅游。

然后，旅游花费为中等水平，旅游花费最多的是交通，较少有娱乐，大部分老年旅游者住宿普遍选择快捷酒店。

最后，出游频次总体较高，数据结果表明周边旅游的人多，城镇老年人的旅游意愿则更强烈。

第三，价值观在个体消费者行为、态度及其决策中起着特别重要的作用，消费者对消费行为的价值感知和判断会受到价值观的影响。因此，从价值观的角度认识老年旅游者、了解影响其旅游消费行为的消费价值观动因是必要的。从城镇老年人消费价值观和旅游动机两个不同层次构建对旅游消费行为影响的分析框架，借鉴以往文献资料，结合调研访谈，设计了城镇老龄化群体消费价值观与旅游动机的测量题项，提炼出消费价值观和旅游动机的维度结构，消费价值观由务实节俭、面子形象、中庸从众、独立自主、物质享受、情感归属和谨慎保守7个维度构成，旅游动机由新奇、放松、关系强化、独立自主、自然、自我发展、刺激、关系（安全感）、自我实现、怀旧和认同11个维度构成。实证检验了消费价值观和旅游动机各维度对旅游消费行为存在不同的作用程度与影响方向。总体而言，城镇老年人务实节俭对旅游偏好、旅游花费和出游频次具有显著的负向效应；面子形象显著增强了出游频次和旅游花费，对包括旅游购物的活动类旅游偏好影响显著；中庸从众和独立自主对旅游消费行为影响较弱，仅对出游频次存在显著影响；物质享受对旅游偏好和出游频次影响较显著，但对旅游消费水平影响较弱；游伴选择和出游频次受到情感归属价值观的影响，尤其对游伴选择具有显著影响，但对旅游偏好、目的地选择和旅游花费影响不明显；谨慎保守对出游频次、目的地选择和旅游花费具有较强的限制作用。旅游动机显著影响旅游消费行为，不同维度的显著性水平及其对不同旅游消费行为的作用程度和方向存在差异。

第四，构建城镇老年人消费价值观、旅游动机与旅游消费行为的影响机制模型，并通过结构方程模型验证了消费价值观对旅游消费行为的影响路径。

首先，通过结构方程模型分析了城镇老年人消费价值观对旅游动机的影响路径，以及旅游动机对旅游消费行为的影响。通过研究发现，城镇老年人旅游消费行为受到不同消费价值观的驱动，中庸从众、独立自主、物质享受和情感归属等消费价值观对旅游动机影响效应更强，而面子形象和谨慎保守对旅游动机影响不显著，旅游动机对出游频次和旅游花费影响显著为正。

其次，通过进一步的中介效应分析，发现并验证了旅游动机对城镇老年人旅游消费行为的6条中介路径：务实节俭→旅游动机→出游频次、中庸从众→旅游动机→出游频次、物质享受→旅游动机→出游频次、务实节俭→旅游动机→旅游花费、独立自主→旅游动机→旅游花费、情感归属→旅游动机→旅游花费。由此可见，旅游动机在城镇老年人消费价值观与其旅游消费行为间扮演着桥梁作用。嵌入旅游情境下城镇老年人消费价值观能较准确地描述其内心的终极状态，意味着消费价值观能解释老年人为什么进行旅游消费，并通过关联路径透视消费价值观、旅游动机与旅游消费行为之间的关联以及路径作用机制。

第五，纵向分析比较了城镇老年人和准老年人消费价值观各维度以及旅游消费行为的差异，通过多群组结构方程模型验证了代际对城镇老年人和准老年人旅游消费行为机制路径的调节效应。对比结果表明：

首先，城镇老年人消费价值观中的务实节俭、面子形象、中庸从众、情感归属和谨慎保守的均值都高于准老年人，独立自主和物质享受维度上存在显著差异。

其次，城镇老年人和准老年人在旅游偏好、旅游花费和出游频次等旅游消费行为方面存在显著差异。

最后，通过多群组结构方程模型验证了代际对于城镇老年人和准老年人消费价值观对旅游消费行为的影响路径存在调节效应，城镇老年人和准老年人的旅游消费行为机制路径存在差异。结果显示，务实节俭对城镇老年旅游者的旅游花费有负向影响，而物质享受对准老年人旅游动机影响显著，面子形象仅对准老年人的旅游花费呈显著正面影响，而独立自主对准老年人的旅游动机和旅游花费均有显著的正向影响效应，谨慎保守对老年人的旅游消费行为影响显著，对旅游花费表现出显著的负向效应，中庸从众和情感归属对老年旅游者和准老年旅游者的旅游动机具有显著影响，中庸从众对准老年人的出游频次具有显著的负向影响。结论表明消费价值观渗透在旅游消费行为中，由于消费价值观的传承与嬗变，不同代际间形成了差异化的旅游消费行为。

第二节　政策建议

随着中国人口老龄化的加剧，老年人口形成了一个潜力巨大的老年旅游消费市场。老年人口规模的快速扩大构成老年旅游市场基础，老年人口消费水平的提高推动老年旅游市场形成，老年群体消费观念的变化加速老年旅游市场壮大。如何适应老年群体的消费结构、消费观念、消费意向和消费行为的变化，提高养老生活质量，值得社会的关注。

一　构建市场体系是老龄旅游产业发展的前提

老年人是所有人群中个体差异最大的群体，消费偏好差异较大。因此，老龄旅游产业的市场体系要突出多层次、多元化、差异化。由于社会经历、收入水平、经济条件和个体偏好有较大差异，中国城市老年群体的消费需求具有不同层次和多样化的特点，因此，发展老年旅游消费市场，需要构建多层次、多元化、差异化的市场体系，只有这样，改善他们的生活质量，切实满足老年人多样化需求，进而提升生活品质。

转变老年人的消费观念，引导其树立新的消费观，逐步发挥出老年旅游市场的巨大潜力。现阶段，老年人节俭消费仍占主流，而在市场经济发展的今天，过分节俭容易形成观念上的流动性约束，使老年人家庭保持较高的储蓄倾向，而降低购买力。旅游企业要恰当定位其宣传战略，尊重老年人消费习惯的同时，帮助引导老年人逐步转变"重储蓄，轻消费"的传统消费观，提高老年人的认知，形成健康科学的消费观和心理，促进老年旅游市场持续健康发展。

老年消费者具有一定程度的中庸从众心理，他们在消费时往往会考虑和征求周围其他人的意见，同时，通过劝导他人进行消费，或者与他人的消费进行比较，以此获得满足与认同。在老年旅游市场中，旅游企业可以遵循老年人的这种消费价值观和心理特点，集中提供产品线路或服务，使老年消费者能够通过信息交流、沟通和引导，选择适合自己的旅游产品或服务。值得关注的是，虽然老年旅游产品的消费主体是老年人，但由于老年旅游市场具有联动的消费现象，其购买者可能不仅限于老年人本人，还包括其子女和成年的孙子女。为了表达孝心，他们或者在旅行社直接为老人付费报团旅游，或者陪同老人一起旅游，由此间接带动子女等被动消费的消费链现象，将随着老年旅游市场份额的增长越发凸显出来。因此，应加大对与老年人相关的年轻人的信息分析和市场开发，在满足老年消费者自身需求的同时，要将潜在子女或孙子女消费一并考虑，设计综合性产品。

二　产品创新是老龄旅游产业发展的关键

在日益提升的生活水平与发展的社会经济的影响之下，随着老年人生活水平和生活质量的不断提高，价值观与消费意识也在发生着改变，越来越多的健康老年人愿意参与老年旅游。目前，中国老年旅游市场的产品和服务还十分单一、粗放，开发的力度和广度明显落后，缺乏针对老年人特殊需求的旅游线路与产品，老年旅游市场还处于发展的初期阶段，尚无具有全国影响力的老年旅行社出现。

加强对老年旅游的市场细分，开发适合老年群体参与，满足老年人需求的旅游项目和旅游产品，丰富旅游产品种类，不断强化旅游产品的创新。旅游产品创新是指将旅游资源、旅游设施以及旅游服务等要素重新组合，通过改进原有产品组合方式而打造出多样化的新产品，目的在于使旅游产品在品种上能最大限度地满足老年人需求。首先，价值观是连接产品和消费者行为的桥梁，旅游企业要充分了解老龄群体的价值观，按照老年人的价值观和消费心理进行市场活动。在产品设计时，将产品信息与老年人的价值追求息息相通，产品才能被接受，真正实现与老年消费者的有效沟通。其次，根据细分市场需求，推出含有丰富内容的旅游线路，将常规的线路充分调整到适合老年人，使旅游产品在品种和内容上最大限度地满足老年人需求。比如，大力发展具有全新养老理念的老年生态旅游产品、以医疗健身为主要目的的旅游产品、能引起老年人兴趣的知识型旅游产品、适应女性老人或单身老人的产品等。最后，重视售后服务，培养客户的品牌忠诚度。注重从心理上拉进与客户的距离，让客户更加信任旅游企业，从而得到战略性的长远发展。

三　推进产业融合，加快老龄产业优化升级

作为产业现代化进程中的重要经济现象，产业融合正在深刻地改变着传统产业。产业融合是指不同产业或同一产业内的不同门类相互渗透、相互交叉，最终融为一体，逐步形成新产业的动态发展过程①。产业融合将使传统产业边界模糊化并带来经济服务化趋势，给产业间带来新型的竞争协同关系和更大的复合经济效应②。老龄产业具有产业链长、产业关联度高、综合拉动性强的特点，其产业链不仅涵盖旅游、医疗卫生、教育文化、金融、家政、房地产、通信、娱乐、商品流通等服务业，也与农业、制造业等相关的第一、第二产业密不可分，通过实现产业间的融合，赋予传统养老产业新的附加功能和更强的竞争力，形成融合型的养老产业新体系。

对于推动老龄产业服务创新、更好地满足养老服务需求、获取规模经济效应以及构建和谐社会具有重要意义。养老服务业是综合性产业，旅游业和健康养老产业的融合，使以医疗健身为主要目的的旅游产品、养老理念的老年生态旅游产品等颇受老年消费者欢迎。比如，2012 年 3 月，山东省针对老年旅游市场出台了《山东省老年健康养生旅游计划》，计划全面启动省内老年健康养生旅游产品的开发工作。该计划要求开发老年旅游产品要以"养生之旅"组合产品，以山东"十大健康养生示范基地"为切入点，推动全省健康养生资源的深度开发。

旅游地产业与养老服务业的融合催生了养老社区或老年人住宅产品的出现。这类养老项目一般会选在具有较好的风景资源或特色文化资源的地区，开发旅游地产的同时，加入养老养生、康复保健、长寿文化等理念。当前，产业融合已成为老龄产业发展进程中的一个重要现象和趋势。关注养老产业与其他产业融合，采取因势利导的措施，已成为老龄产业加快发展和优化升级的战略选择。

---

① 厉无畏、王慧敏：《产业发展的趋势研判与理性思考》，《中国工业经济》2002 年第 4 期。

② 周振华：《新产业分类：内容产业、位置产业和物质产业——兼论上海新型产生体系的构建》，《上海经济研究》2003 年第 4 期。

四　制定和完善政策支持体系，促进老龄产业发展

制定老龄产业政策要从中国经济社会发展实际出发，充分尊重和运用市场机制，遵循老龄产业发展规律，统筹兼顾，因症施策，提高针对性和现实操作性。

首先，政府应从战略高度及早制定老龄产业的长远发展目标，并形成中长期发展规划，构建老龄产业政策体系。老龄产业所涉及的某些领域具有扶助弱势群体的社会福利性特征，因此，老年市场的形成与发展，迫切需要政府的大力支持与培育，政府应在充分考虑到老年群体的物质需求和精神需求的情况下，尽早做出老龄产业发展规划，特别是中长期规划，做好顶层设计，确定优先发展行业，以更好地引导和鼓励民间资本注入老龄产业发展当中，促进老龄产业健康、快速发展。

其次，政府应从中国老龄产业发展实践出发，尽快出台并落实相关产业的扶持政策。国家产业结构调整与发展老龄产业的整体思路一致，理应给予政策扶持，使之得到大力发展。但由于中国仍处于发展和改革时期，现有涉及老龄产业的政策制度较少，而且有些政策比较笼统和宽泛，可操作性不强，制约和限制了老龄产业的发展，需要修订和完善。因此，政府要尽快出台相关老龄产业的扶持政策，尤其是新修订的《老年人权益保障法》中关于各级人民政府和有关部门在财政、土地、税费、融资等方面采取措施，积极鼓励、扶持企事业单位、社会组织或个人兴办、运营养老、文化体育活动等设施，政府相关部门应制定切实有效的扶持政策，并且要落实到位。此外，企业也应及时抓住机遇，深入挖掘老年人口多样化需求，延伸老龄产业链，加快发展附加价值高、技术含量高的老龄企业，从而发展壮大老龄产业体系，带动相关产业的发展。

最后，成熟的产业市场除了有庞大的消费者队伍外，更依赖于产品设计、研发、生产、销售的产业链的均衡发展。中国老龄产业是一个新型产业，政府应充分借鉴发达国家的经验，加强老龄产业服务平台建设。发展老龄产业是一个系统工程，涉及诸多领域与行业。老龄科研部门应该加强有关理论的研究，通过支持老龄产业政策的研究，支持开发老龄产业项目，设立老龄科学研究基金，为政府制定老龄产业政策提供科学依据，切实推动老龄产业健康快速发展。

第三节　研究不足与未来的研究方向

1. 研究不足

第一，由于调研时间和经费有限，本研究所选取的样本仅限于在秦皇岛市旅游的外来游客和本地居民，有效问卷样本量为 379 份，样本来源虽然分布全国大部分省市和地区，但来自秦皇岛周边地区包括北京、河北、东北三地的游客样本比例偏高，样本代表性有局限，一定程度上可能限制了研究结论的普遍性。此外，中国地域辽阔，地域跨度较大，受文化、经济、历史等因素影响，不同地区的居民，消费观念存在较大差异，从而使消费行为呈现出较大差异。因此本研究的研究结论能否适用于不同地域，还有待进一步研究和验证。

第二，本研究综合采用了文献回顾、结构访谈、观察、探索性和验证性因子分析等方法，得到的城镇老年人消费价值观量表和旅游动机量表，经检验，量表的信、效度都较理想，但量表的所有维度和测量题项均来自已有文献研究和访谈观察等方法，无论在完整性和有效性上都远非完美，所以仍有可能遗漏重要的价值观维度和旅游动机维度。另外，测量题项的构成和表述仍尚有改进的空间。客观地说，本研究只是对该领域的一次探索性研究，未来仍有待在后续研究中得到改进。

第三，旅游消费行为是一种错综复杂的过程，这个过程可能会受到不同因素的影响和调节而有变动。在旅游消费行为的内在机制研究中，消费价值观也有可能随着受教育程度、职业和收入等人口统计特征的不同而存在差异，因此，考虑人口统计变量在消费价值观和旅游消费行为机制研究中的调节效应也是有必要的。

2. 进一步研究的方向

第一，从实证研究的角度看，为了使研究更加完善和具有代表性，可以进一步扩大样本容量，针对更广泛的消费者类型，如按不同地域、城乡等进行深入研究。在今后的研究中，有必要从地域差异、城乡差异等视角，分析价值观是否存在地域差异、城乡差异，各地区的老年人的价值观对旅游消费行为以及更广泛的消费行为的影响是否一致等研究问题，进一步探讨本研究所得出的结论是否具有普遍性和指导性。

第二，正如在研究不足中提到的，未来可从中国的传统与现代文化、社会变革、西方价值观等根源出发，建立更为完整并针对中国老龄群体的消费价值观图谱，对中国老龄群体消费价值观体系及其消费行为进行更加深入和全面的分析。

第三，可以将人口统计变量作为调节变量，研究在受教育程度、职业、收入等人口统计变量调节影响下，老年人消费价值观对旅游消费行为影响路径的差异化水平，进而验证该类变量在消费价值观对旅游消费行为的影响机制中的调节效应。受研究目的、研究时间的限制，可留待以后做深入研究。

第四，随着新老群体的代际更替，现在的老年人和准老年人的价值观和消费行为都具有不同的时代特点，同时规模庞大的老龄群体内部也并非具有同质性，通过纵向和横向比较，研究其价值观念、消费行为的演化及变迁过程，对于引导和提升老龄化消费水平与质量，推动老龄化服务产业的发展，将是一个非常有意义的研究课题。

附　　录

A　调查问卷

尊敬的先生/女士：

您好！我是南开大学经济学院人口与发展研究所的一名博士研究生，正在进行一项关于"中老年城市居民国内旅游消费需求"的学术调查，恳请得到您的帮助。完成本问卷大约需要占用您 10 分钟的宝贵时间。您的回答仅作学术研究之用，并予以严格保密。对您提供的无私帮助，深表感激！

填表说明：调查对象：45 岁及以上的城市中老年人。

调查员姓名：＿＿＿＿＿＿＿；调查地点：＿＿＿＿＿＿＿；调查时间：＿＿＿＿＿＿＿

第一部分：请根据您的实际旅游经历，在所选答案的字母上画"√"，本部分所有题项为单项选择题。

1. 您每年一般会有几次国内旅游？

A. 1 次　　　　　　B. 2 次　　　　　　C. 3 次　　　　　　D. 4 次及以上

2. 您通常会选择什么出游方式？

A. 旅行社报团　　　　B. 自由行　　　　C. 民间组织

D. 单位组织　　　　　E. 社区组织

3. 您通常会与谁结伴出游？

A. 独自出行　　　　　B. 与子女同行

C. 夫妻同行　　　　　　　D. 与亲友或同事同行

4. 您旅游通常最喜欢哪类景观？

A. 自然风光类　　　　　　B. 文化历史景观类

C. 现代城市景观类

D. 休闲度假类（海滨度假/乡村度假/森林度假/城市度假等）

E. 养生保健类　　　　　　F. 民俗风情类

G. 探亲访友类　　　　　　H. 购物类

I. 娱乐类（如主题公园）　J. 探险类

5. 您旅游通常会选择？

A. 省外游　　　　　　B. 省内游　　　　　　C. 周边游

6. 您外出旅游通常以哪种交通工具为主？

A. 飞机　　　　　　　B. 火车　　　　　　　C. 旅游巴士

D. 邮轮　　　　　　　E. 自驾车　　　　　　F. 自行车

G. 徒步

7. 您旅游通常会选择哪种住宿设施？

A. 星级酒店　　　　　B. 快捷酒店　　　　　C. 民宿客栈

D. 主题酒店　　　　　E. 酒店公寓　　　　　F. 疗养院

G. 露营　　　　　　　H. 随团安排　　　　　I. 亲戚朋友家

8. 您平均每次用于旅游的花费（包括购物）是？

A. 1000 元以下　　　　B. 1001—2000 元　　　C. 2001—3000 元

D. 3001—4000 元　　　E. 4001—5000 元　　　F. 5000 元以上

9. 您在旅游中通常花费最多的项目是？

A. 门票　　　　　　　B. 交通　　　　　　　C. 餐饮

D. 住宿　　　　　　　E. 购物　　　　　　　F. 文化娱乐

10. 您在旅游中通常花费最少的项目是？

A. 门票　　　　　　　B. 交通　　　　　　　C. 餐饮

D. 住宿　　　　　　　E. 购物　　　　　　　F. 文化娱乐

11. 您周边常出去旅游的人多吗？

A. 没有　　　　　　　B. 很少　　　　　　　C. 有，但不多

D. 比较多　　　　　　E. 很多

第二部分：在您看来，以下哪些原因促使您外出旅游？请根据您的真实想法，在下面每一行问题右边对应的方框内打"√"，同一问题只画1个"√"。

	非常不同意	不同意	一般	同意	非常同意
1. 寻找乐趣					
2. 体验不同的事物					
3. 休息和放松					
4. 摆脱生活中面临的各种要求和束缚					
5. 享受自由自在的时间					
6. 与家人朋友一起做事					
7. 增强与家人或身边其他人之间的关系					
8. 与同事或身边的其他人一起做事					
9. 根据自己的需要安排					
10. 用自己的方式做事					
11. 欣赏自然风景					
12. 更好地享受自然					
13. 贴近自然					
14. 体验不同的文化					
15. 认识各种不同的人					
16. 增加自己对旅游地的了解					
17. 与当地人交流					
18. 接触新鲜刺激的东西					
19. 探索未知事物					
20. 体验时尚潮流的场所					
21. 从危险的活动中寻求深刻体验					
22. 有需要的时候身边随时有人					
23. 寻找归属感					
24. 更好地认识自己					

续表

	非常 不同意	不同意	一般	同意	非常 同意
25. 对生活有新的认识					
26. 丰富内心精神世界					
27. 回忆过去的美好时光					
28. 寻找过去的记忆					
29. 告诉别人自己的旅游经历					
30. 让别人知道自己的能力和勇气					
31. 得到别人的认可					
32. 感受周围其他人的羡慕					

　　第三部分：请根据您的真实想法，对以下问题的同意程度进行选择，在下面每一行问题右边对应的方框内打"√"，同一问题只画1个"√"。

	非常 不同意	不同意	一般	同意	非常 同意
1. 花钱要实在，不花冤枉钱					
2. 买东西主要看是否实用					
3. 无论有钱没钱，生活都要节俭					
4. 买什么，买多少不能让人看不起					
5. 消费要能提升自己在他人心目中的形象					
6. 买东西时，跟着多数人选择是不会有错的					
7. 消费行为应与大家保持一致					
8. 人应该不断发展和完善自己					
9. 我希望选择自己的生活方式和消费方式					
10. 人活着就应该充分地享受生活					
11. 能挣会花才是现代人的生活方式					
12. 城市居民的时尚生活对我的消费有很大影响					
13. 家庭美满幸福是我花钱的主要目标					

	非常 不同意	不同意	一般	同意	非常 同意
14. 我觉得跟有共同爱好的朋友在一起是一种享受					
15. 我觉得跟亲人在一起的时光是最幸福的					
16. 我经常在别人尝试过某新产品并证明该产品确实不错后，才购买					
17. 我宁愿坚持购买一个熟悉的品牌，也不愿尝试那些不了解的品牌					
18. 我不会购买很新奇的产品					

第四部分：为了进行问卷分析，最后请您提供简要的个人信息。

1. 您所生活的城市_____（请填写所在城市名称）

2. 您的性别：

□男　　　　　　　□女

3. 您的实际年龄：

□45—49 岁　　　□50—54 岁　　　□55—59 岁

□60—64 岁　　　□65—69 岁　　　□70—74 岁

□75—79 岁　　　□80 岁以上

4. 您目前的婚姻状况：

□已婚　　　　　　□丧偶/离异/未婚

5. 您的受教育程度：

□小学或以下　　　□初中　　　　　　□高中/中专/技校

□大专　　　　　　□本科　　　　　　□研究生

6. 您所从事的职业：

□公务员　　　　　□事业单位工作人员

□企业中高层管理者　□国企职工　　　　□外企员工

□私营员工　　　　□个体户　　　　　□学校教师

□医务工作者　　　□其他

7. 您的个人平均月收入：

□1000 元以下　　　□1000—1999 元　　　□2000—2999 元

☐3000—4999 元　　　　☐5000—7999 元　　　☐8000—14999 元

☐15000 元以上

8. 您目前的工作状态：

☐在职　　　　　　　　☐退休/离休/从未工作

☐退休后有偿兼职　　　☐退休后无偿兼职

9. 您目前的家庭结构：

☐单身独居　　　　　　☐夫妻共同生活，身边无子女

☐与未婚子女共同生活　☐与已婚子女共同生活，子女尚未生育

☐与已婚子女共同生活，子女已生育

☐四代同堂　　　　　　☐其他

10. 您的健康状况：

☐非常好　　　☐好　　　　　☐一般　　　　☐差

B　访谈提纲

问题 1：请问您在过去的一年里有过旅游的经历吗？

问题 2：您选择的是什么方式旅游？

问题 3：请问您和谁一起结伴旅游的？

问题 4：您喜欢什么类型的旅游景观？请谈谈您喜欢的理由。

问题 5：请问您每次出游花费大概是多少？

问题 6：您在哪些方面花费最多（如吃、住、行、游、购、娱），为什么？

1. 您所生活的城市_____（请填写所在城市名称）

2. 您的性别

☐男　　　　　　　　　☐女

3. 您的实际年龄_____

4. 您目前的婚姻状况

☐已婚　　　　　　　　☐丧偶/离异/未婚

5. 您的受教育程度

☐小学或以下　　　　　☐初中　　　　　　☐高中/中专/技校

☐大专　　　　　　　　☐本科　　　　　　☐研究生

6. 您所从事的职业

☐公务员　　　　　　　☐事业单位工作人员

☐企业中高层管理者　　☐国企职工　　　　　☐外企员工

☐私营员工　　　　　　☐个体户　　　　　　☐学校教师

☐医务工作者　　　　　☐其他

7. 您的个人平均月收入

☐1000 元以下　　　　☐1000—1999 元　　☐2000—2999 元

☐3000—4999 元　　　☐5000—7999 元　　☐8000—14999 元

☐15000 元以上

8. 您目前的工作状态

☐在职　　　　　　　　☐退休/离休/从未工作

☐退休后有偿兼职　　　☐退休后无偿兼职

9. 您的家庭人口_____

附录 C　城镇老年人旅游消费行为
影响因素初始条目

附录 C.1　　　　　　　　城镇老年人消费价值观初始条目

条目编号	条目内容
C1	花钱要实在，不花冤枉钱
C2	买东西主要看是否实用
C3	无论有钱没钱，生活都要节俭
C4	买什么，买多少不能让人看不起
C5	消费要能提升自己在他人心目中的形象
C6	买东西时，跟着多数人选择是不会有错的
C7	消费行为应与大家保持一致
C8	人应该不断发展和完善自己
C9	我希望选择自己的生活方式和消费方式
C10	我觉得只要能玩得开心，多花些钱都是值得的
C11	购物对我来说是一种享受
C12	城市居民的时尚生活对我的消费有很大影响

续表

条目编号	条目内容
C13	旅游的经历对我来说更有满足感
C14	我热衷于集体活动
C15	家庭美满幸福是我花钱的主要目标
C16	我觉得跟有共同爱好的朋友在一起是一种享受
C17	我觉得跟亲人在一起的时光是最幸福的
C18	我经常在别人尝试过某新产品并证明该产品确实不错后，才购买
C19	为了避免买到假货，我从不购买自己不了解的商品
C20	我不会购买很新奇的产品

附录 C. 2　　　　　　　**城镇老年人旅游动机初始条目**

条目编号	条目内容
B1	寻找乐趣
B2	体验不同的事物
B3	休息和放松
B4	暂时告别重复无聊的日常生活
B5	摆脱生活中面临的各种要求和束缚
B6	享受自由自在的时间
B7	乐于和家人或朋友结伴旅游
B8	增强与家人或身边其他人之间的关系
B9	与同事或身边的其他人一起做事
B10	根据自己的需要安排
B11	用自己的方式做事
B12	欣赏自然风景
B13	更好地享受自然
B14	贴近自然
B15	体验不同的文化
B16	认识各种不同的人
B17	增加自己对旅游地的了解
B18	与当地人交流

续表

条目编号	条目内容
B19	接触新鲜刺激的东西
B20	探索未知事物
B21	体验时尚潮流的场所
B22	从危险的活动中寻求深刻体验
B23	发展个人的兴趣爱好
B24	获得成就感
B25	增强自信
B26	认识跟自己价值观和兴趣相似的人
B27	喜欢集体旅游，安全有保障
B28	感受内心的平和
B29	更好地认识自己
B30	对生活有新的认识
B31	丰富内心精神世界
B32	回忆过去的美好时光
B33	寻找过去的记忆
B34	告诉别人自己的旅游经历
B35	让别人知道自己的能力和勇气
B36	得到别人的认可
B37	感受周围其他人的羡慕

参考文献

一 中文

（一）著作

陈强：《高级计量经济学及 Stata 应用（第二版）》，高等教育出版社 2014 年版。

戴茂堂、江畅：《传统价值观念与当代中国》，湖北人民出版社 2001 年版。

杜强、贾丽艳、严先锋：《SPSS 统计分析：从入门到精通》，人民邮电出版社 2014 年版。

杜炜：《旅游消费行为学》，南开大学出版社 2009 年版。

侯杰泰、温忠麟、成子娟：《结构方程模型及其应用》，教育科学出版社 2004 年版。

黄芳铭：《结构方程模式：理论与应用》，中国税务出版社 2005 年版。

黄芳铭：《社会科学统计方法学——结构方程模式》，台北：五南图书出版公司 2004 年版。

李华敏：《乡村旅游行为意向形成机制研究——基于计划行为理论的拓展》，中国社会科学出版社 2009 年版。

刘超：《中国老年消费者行为——西方理论与中国实证》，暨南大学出版社 2015 年版。

刘铮：《人口学辞典》，人民出版社 1986 年版。

龙江智：《中国旅游消费行为模式研究》，旅游教育出版社 2014 年版。

卢泰宏：《中国消费行为报告》，中国社会科学出版社 2005 年版。

卢泰宏、周懿瑾：《消费者行为学：中国消费者透视（第二版）》，中国人民大学出版社 2015 年版。

卢纹岱：《SPSS 统计分析》，电子工业出版社 2011 年版。

马庆国：《管理统计：数据获取、统计原理与 SPSS 工具与应用研究》，科学出版社 2002 年版。

潘煜：《影响中国消费者行为的三大因素》，上海三联书店 2009 年版。

邱浩政：《结构方程模式：LISREL 的理论、技术与应用》，台北：双叶书廊有限公司 2003 年版。

邵汉明：《中国文化精神》，商务印书馆 2000 年版。

王济川、郭志刚：《Logistic 回归模型——方法与应用》，高等教育出版社 2001 年版。

王宁：《从苦行者社会到消费者社会：中国城市消费制度、劳动激励与主体结构转型》，社会科学文献出版社 2009 年版。

王宁：《消费社会学——一个分析的视角》，社会科学文献出版社 2001 年版。

邬沧萍、姜向群：《老年学概论（第 3 版）》，中国人民大学出版社 2014 年版。

吴明隆：《问卷统计分析实物——SPSS 操作与应用》，重庆大学出版社 2010 年版。

谢彦君：《基础旅游学》，中国旅游出版社 1999 年版。

阳翼：《中国独生代消费行为研究》，暨南大学出版社 2008 年版。

杨国枢：《中国人的价值观——社会科学观点》，台北：桂冠图书股份有限公司 1994 年版。

翟学伟：《中国人的脸面观》，台北：桂冠图书股份有限公司 1995 年版。

翟学伟：《中国社会中的日常权威：关系与权力的历史社会学研究》，社会科学文献出版社 2004 年版。

张梦霞：《中国消费者购买行为的文化价值观动因研究》，科学出版社 2010 年版。

张晓峒：《应用数量经济学》，机械工业出版社 2014 年版。

郑红娥：《社会转型与消费革命——中国城市消费观念的变迁》，北京大学出版社 2006 年版。

［法］尼古拉·埃尔潘：《消费社会学》，孙沛东译，社会科学文献出版社 2005 年版。

［苏联］A. B. 彼得罗夫斯基：《心理学辞典》，东方出版社 1997 年版。

［英］安东尼·吉登斯：《社会的构成》，李康、李猛译，上海三联书店

1987 年版。

（二）期刊

包亚芳：《基于"推—拉"理论的杭州老年人出游动机研究》，《旅游学刊》2009 年第 11 期。

卞显红、王慧、施琳霞：《农村居民旅游动机分析及其对旅游目的地类型选择的影响研究以长江三角洲地区为例》，《地理科学》2016 年第 1 期。

岑成德、钟煜维：《生态旅游者旅游动机、顾客参与和行为意向的关系》，《华南理工大学学报》（社会科学版）2010 年第 4 期。

陈德广、苗长虹：《基于旅游动机的旅游者聚类研究——以河南省开封市居民的国内旅游为例》，《旅游学刊》2006 年第 6 期。

陈士嘉：《老年人消费心理初探》，《山西老年》2002 年第 2 期。

陈莹、郑涌：《价值观与行为的一致性争议》，《心理科学进展》2010 年第 10 期。

杜鹏、武超：《1994—2004 年中国老年人主要生活来源的变化》，《人口研究》2006 年第 2 期。

范业正：《旅游者需求与消费行为始终是旅游研究的前沿问题》，《旅游学刊》2005 年第 3 期。

盖玉妍：《城市家庭变迁下的居民旅游消费价值观取向探讨》，《青海社会科学》2012 年第 3 期。

高军、马耀峰、吴必虎等：《国内外游客旅游动机及其差异研究——以西安市为例》，《人文地理》2011 年第 4 期。

郭安禧、黄福才：《旅游动机、满意度、信任与重游意向的关系研究》，《浙江工商大学学报》2013 年第 1 期。

胡洁、张进辅：《基于消费者价值观的手段目标链模型》，《心理科学进展》2008 年第 3 期。

胡平：《老年旅游消费市场与行为模式研究——以上海市为例》，《消费经济》2007 年第 6 期。

黄颖华、黄福才：《旅游者感知价值模型、测度与实证研究》，《旅游学刊》2007 年第 8 期。

金盛华、郑建君、辛志勇：《当代中国人价值观的结构与特点》，《心理学报》2009 年第 10 期。

金晓彤、张晓路：《我国老龄消费的新特征及促进对策》，《经济纵横》

2013 年第 4 期。

乐昕：《老年消费如何成为经济增长的新引擎》，《探索与争鸣》2015 年第 7 期。

黎筱筱、马晓龙：《基于群体心理特征的老年旅游产品谱系构建——以关中地区为例》，《人文地理》2006 年第 1 期。

李东进、吴波、武瑞娟：《中国消费者购买意向模型——对 Fishbein 合理行为模型的修正》，《管理世界》2009 年第 1 期。

李怀、程华敏：《旅游消费的社会学解释：传统与前沿》，《兰州大学学报》（社会科学版）2010 年第 3 期。

李享、Mark Banning-Taylor、Phoebe Bai Alexander、Cliff Picton：《中国老年人出国旅游需求与制约——基于北京中老年人市场调查》，《旅游学刊》2014 年第 9 期。

厉无畏、王慧敏：《产业发展的趋势研判与理性思考》，《中国工业经济》2002 年第 4 期。

刘昌雪：《世界遗产地旅游推力—引力因素研究——以西递和宏村为例》，《旅游学刊》2005 年第 5 期。

刘超、卢泰宏、宋梅：《中国老年消费者购物决策风格的实证研究》，《商业经济与管理》2007 年第 2 期。

刘超、卢泰宏：《西方老年消费行为研究路径与模型评介》，《外国经济与管理》2005 年第 11 期。

刘睿、李星明：《老年群体旅游心理类型与特征分析》，《旅游论坛》2009 年第 2 期。

刘世雄：《从文化价值的角度看消费形态》，《经济管理》2006 年第 7 期。

刘世雄、张宁、梁秋平：《中国消费者文化价值观的代际传承与嬗变——基于中国主流消费群的实证研究》，《深圳大学学报》（人文社会科学版）2010 年第 6 期。

刘世雄、周志民：《当代中国消费者的文化价值观与营销启示》，《商业经济文萃》2002 年第 6 期。

陆杰华、王伟进、薛伟玲：《中国老龄产业发展的现状、前景与政策支持体系》，《城市观察》2013 年第 4 期。

马桂顺、龙江智、李恒云：《不同特质银发族旅游目的地选择影响因素差异》，《地理研究》2012 年第 12 期。

毛小岗、宋金平:《旅游动机与旅游者重游意向的关系研究:基于 logistic 模型》,《人文地理》2011 年第 6 期。

潘煜、高丽、张星等:《中国文化背景下的消费者价值观研究——量表开发与比较》,《管理世界》2014 年第 4 期。

曲颖、贾鸿雁:《国内海滨城市旅游目的地推拉动机关系机制研究——"手段—目的"方法的应用》,《旅游科学》2013 年第 4 期。

荣飞琼、张晓燕:《我国人口老龄化与老年旅游的新发展》,《西北人口》2006 年第 4 期。

谈志娟、黄震方、吴明敏等:《基于 Probit 模型的老年健康休闲旅游决策影响因素研究——以江苏省为例》,《南京师范大学学报》(自然科学版)2016 年第 1 期。

唐佳、李君轶:《基于多分 Logistic 回归的旅游局官博转发影响因素研究》,《旅游学刊》2015 年第 1 期。

万克德、宋廷山、郭思亮:《山东省人口老龄化对城镇居民消费需求的影响——基于六普数据的分析》,《中国人口科学》2013 年第 4 期。

王纯阳、屈海林:《旅游动机、目的地形象与旅游者期望》,《旅游学刊》2013 年第 6 期。

王国猛、黎建新、廖水香:《消费价值观研究评述》,《消费经济》2009 年第 5 期。

王海忠:《中国消费者世代及其民族中心主义轮廓研究》,《管理科学学报》2005 年第 6 期。

王红丽、丁志宏:《我国老年人主要经济生活来源的变迁分析——基于性别的视角》,《兰州学刊》2013 年第 1 期。

王森:《中国人口老龄化与居民消费之间关系的实证分析——基于 1978—2007 年的数据》,《西北人口》2010 年第 1 期。

吴翔华、虞敏敏、左龙:《外来务工人员住房保障意愿研究——基于南京市外来务工人员调研》,《调研世界》2015 年第 7 期。

武瑞娟、王承璐、杜立婷:《沉没成本、节俭消费观和控制动机对积极消费行为影响效应研究》,《南开管理评论》2012 年第 5 期。

薛伟玲、陆杰华:《人口老龄化背景下国内旅游业发展前景的实证分析——基于边限协整检验》,《北京社会科学》2014 年第 9 期。

杨蕾、杜鹏:《智慧旅游背景下的老年群体出游影响路径与帮扶策略研究》,《山东社会科学》2016 年第 6 期。

杨兴柱、陆林、王群:《农户参与旅游决策行为结构模型及应用》,《地理学报》2005 年第 6 期。

杨宜音:《社会心理领域的价值观研究述要》,《中国社会科学》1998 年第 2 期。

姚远、陈昫:《老龄问题群体分析视角理论框架构建研究》,《人口研究》2013 年第 2 期。

姚远:《老龄群体更替:积极应对人口老龄化必须考虑的问题》,《西南民族大学学报》(人文社科版)2016 年第 11 期。

姚远:《老龄社会发展理论:基于"群体—权益"要素的构建——〈国家应对人口老龄化战略研究〉的理论创新》,《老龄科学研究》2015 年第 5 期。

尹清非:《近 20 年来消费函数理论的新发展》,《湘潭大学学报》(哲学社会科学版)2004 年第 1 期。

余颖、张捷、任黎秀:《老年旅游者的出游行为决策研究——以江西省老年旅游市场为例》,《旅游学刊》2003 年第 3 期。

原新:《老年人消费需求与满足需求能力基本关系的判断》,《广东社会科学》2002 年第 3 期。

原新:《中国如何应对人口老龄化挑战》,《国家治理》2014 年第 21 期。

岳祚莆:《旅游动机研究与旅游发展决策》,《旅游学刊》1987 年第 3 期。

张国钧:《家族主义:中国传统伦理文化的基本精神》,《中国人民大学学报》1990 年第 3 期。

张宏梅、陆林:《皖江城镇居民旅游动机及其人口统计特征的关系》,《旅游科学》2004 年第 4 期。

张虹菲、吴佳、李苗:《基于城镇文化旅游资源的国外背包客动机、行为与满意度研究——以北京市为例》,《旅游学刊》2007 年第 10 期。

张丽峰:《我国人口结构对旅游消费的动态影响研究》,《干旱区资源与环境》2015 年第 3 期。

张梦霞:《"价值观—动机—购买行为倾向"模型的实证研究》,《财经问题研究》2008 年第 9 期。

张新安:《中国消费者的顾客价值形成机制:以手机为对象的实证研究》,《管理世界》2010 年第 1 期。

赵保国、刘勇：《我国农村居民消费价值观的维度研究》，《财经问题研究》2013 年第 1 期。

赵玲：《消费的人本意蕴及价值回归》，《哲学研究》2006 年第 9 期。

郑宗清、赖正均：《基于推力—拉力因素理论的大学生旅游动机实证研究——以华南师范大学学生为例》，《华南师范大学学报》（自然科学版）2008 年第 2 期。

周刚、张嘉琦：《基于旅游动机的老年旅游市场细分研究》，《资源开发与市场》2015 年第 12 期。

周丽洁：《中国老年旅游市场特征及发展路径》，《财经理论与实践》2010 年第 5 期。

周振华：《新产业分类：内容产业、位置产业和物质产业——兼论上海新型产业体系的构建》，《上海经济研究》2003 年第 4 期。

朱信凯、骆晨：《消费函数的理论逻辑与中国化：一个文献综述》，《经济研究》2011 年第 1 期。

（三）学位论文

范春春：《红色旅游动机、感知价值及行为意向关系研究——以湖南韶山旅游区为例》，硕士学位论文，湖南师范大学，2014 年。

李罕梁：《国内游客的出游需求和行为影响机制——基于旅行生涯模式、感知限制、态度和重游意愿的实证研究》，博士学位论文，浙江大学，2015 年。

苏丽雅：《旅游经验、旅游动机与行为意向的关系研究——以高校旅游为例》，硕士学位论文，厦门大学，2014 年。

王菲：《中国城市老年人消费行为和消费观念研究》，博士学位论文，中国人民大学，2014 年。

余凤龙：《发达地区农村居民旅游消费行为特征与影响机制研究——以苏南地区为例》，博士学位论文，南京师范大学，2015 年。

张红明：《品牌价值二元互动结构模型——从消费价值与企业家价值互动关系角度实证研究》，硕士学位论文，中山大学，2002 年。

二　英文

Ajzen, I. , "The Theory of Planned Behavior", *Organizational Behavior and Human Decision Processes*, Vol. 50, No. 1, 1991.

Alegre, J. , Cladera, M. , "Analysing the Effect of Satisfaction and Previous Visits on Tourist Intentions to Return", *European Journal of Marketing*, Vol. 43, No. 5, 2009.

Alegre, J. , Pou, L. , "Micro-Economic Determinants of the Probability of Tourism Consumption", *Tourism Economics*, Vol. 10, No. 2, 2004.

Allen, M. W. , Wilson, M. , Ng, S. H. , et al. , "Values and Beliefs of Vegetarians and Omnivores", *The Journal of Social Psychology*, Vol. 1400, No. 4, 2000.

Anat Bardi, Shalom H. Schwartz, "Values and Behavior: Strength and Structure of Relations", *Personality and Social Psychology Bulletin*, Vol. 29, No. 10, 2003.

Anderson, S. , Langmeyer, J. , "Travel-related Lifestyle Profiles of Older People", *Journal of Travel Research*, Vol. 27, No. 2, 1982.

Anthony Giddens, *The Constitution of Society*, Cambridge: Polity Press, 1984.

Atchley, William R. , "Developmental Quantitative Genetics and the Evolution of Ontogenies", *Evolution*, Vol. 41, No. 2, 1987.

Bagozzi, R. P. , & Yi, Y. , "On the Evaluation of Structural Equation Models", *Academic of Marketing Science*, Vol. 16, No. 1, 1988.

Baron, R. M. , & Kenny, D. A, "The Moderator-mediator Variable Distinction in Social Psychological Research: Conceptual, Strategic, and Statistical Considerations", *Journal of Personality and Social Psychology*, Vol. 51, No. 6, 1986.

Battour, M. M. , Battor, M. M. , Ismail, M. , "The Mediating Role of Tourist Satisfaction: A Study of Muslim Tourists in Malaysia", *Journal of Travel & Tourism Marketing*, Vol. 29, No. 3, 2012.

Bollen, K. A. , Long, J. S. , *Testing Structural Equation Models*, Newbury Park, CA: Sage, 1993.

Bollen, K. A. , *Structural Equations with Latent Variables*, New York: Wiley, 1989.

Browne, M. W. , & Cudeck, R. , "Alternative Ways of Assessing Model Fit", In K. A. Bollen, & J. S. Long, eds. , *Testing Structural Equation Models*, Newbury Park, CA: Sage, 1993.

Brunso, K. , Scholderer, J. and Grunert, K. G. , "Closing the Gap between Values and Behavior: A Means-end Theory of Lifestyle", *Journal of Business Research*, Vol. 57, No. 6, 2004.

Bush, Alan J. , Hair, Joseph F. , Jr. , "An Assessment of The Mall Intercept as A Data Collection Method", *Journal of Marketing Research*, Vol. 22, No. 2, 1985.

Byrne, B. M. , *Structural Equation Modelling with LISREL, PRELIS, and SIMPLIS: Basic Concepts, Applications, and Programming*, Mahwah, NJ: Lawrence Erlbaum Associates, 1998.

Cai, Y. , Shannor, R. , "Personal Values and Mall Shopping Behavior: The Mediating Role of Attitude and Intention Among Chinese and Thai Consumers", *Australasian Marketing Journal*, Vol. 20, No. 1, 2012.

Carmines, E. G. , & McIver, J. P. , "Analysing Models with Unobservable Variables", in G. W. Bohrnstedt and E. E. Borgatta, eds. , *Social Measurement Current Issues*, Beverly Hills, CA: Sage, 1981.

Christensen, P. K. , Dobhammer, P. G. , Rau, P. R. , Vaupel, P. J. W. , "Ageing Populations: The Challenges Ahead", *The Lancet*, Vol. 374, No. 9696, 2009.

Cretu, A. E. , Brodie, R. J. , "The Influence of Brand Image and Company Reputation Where Manufactures Market to Small Firms: A Customer Value Perspective", *Industrial Management*, Vol. 36, No. 2, 2007.

Crispell, D. , "Where Generations Divide: A Guide", *American Demographics*, Vol. 5, No. 5, 1993.

Crompton, J. L. , "Motivations for Pleasure Vacation", *Annals of Tourism Research*, Vol. 6, No. 4, 1979.

Dann, G. M. S. , "Anomie, Ego-Enhancement and Tourism", *Annals of Tourism Research*, Vol. 4, No. 4, 1977.

David, L. , Susan, E. G. , "An Integrative Framework for Cross-cultural Consumer Behavior", *International Markering Review*, Vol. 18, No. 1, 2001.

Devesa Maria, Laguna Marta, Andre's Palacios, "The Role of Motivation in Visitor Satisfaction: Empirical Evidence in Rural Tourism", *Tourism Management*, Vol. 4, No. 31, 2010.

Durgee, J. F. , O' Connor, G. C. , Veryzer, R. W. , "Observations Transla-ting Values Into Productwants", *Journal of Advertising Research*, Vol. 36, No. 6, 1996.

Engel, J. F. , Kollat, D. T. and Blackwell, R. D. , *Consumer Behavior*, New York: Holt, Rinehart & Winston Inc, 1973.

Fan, D. X. F. , Hsu, C. H. C. , "Potential Mainland Chinese Cruise Travelers' Expectations, Motivations, and Intentions", *Journal of Travel & Tourism Marketing* Vol. 31, No. 4, 2014.

Gardiner, S. , King, C. , Grace, D. , "Travel Decision Aking: An Empiri-cal Examination of Generational Values, Attitudes, and Intentiongs", *Journal of Travel Research*, Vol. 52, No. 3, 2013.

Gibson, H. J. , "Actives Port Tourism: Who Participates", *Leisure Studies*, Vol. 18, No. 3, 1998.

Gibson, H. , Yiannakis, A. , "Tourist Roles: Needs and the Lifecourse", *Annals of Tourism Research*, Vol. 29, No. 2, 2002.

Gumm, C. A. , *Tourism Planning*, Taylor & Francis, 1988.

Gutman, J. , "A means-end Chain Model Based on Consumer Categorization Processes", *Journal of Marketing*, Vol. 46, No. 1, 1982.

Gutman, J. , "Means-End Chains as Goal Hierarchies", *Psychology and Mar-keting*, Vol. 14, No. 6, 1997.

Hair, J. F. , Jr. , A. , R. E. , Tatham, R. L. , Black, W. C. , *Multivariate Data Analysis*, Upper Saddle River, NJ: Prentice Hall, 2002.

Hellmut Schütte, Deanna Ciarlante, *Consumer Behavior in Asian*, New York: New York University Press, 1998.

Holbrook, M. B. , "Consumption Experience, Customer Value, and Subjec-tive Personal Introspection: An Illustrative Photographic Essay", *Journal of Business Research*, Vol. 59, No. 6, 2006.

Hsu, C. H. and S. S. Huang, "Travel Motivation: A Critical Review of the Concept's Development", in A. G. Woodside and D. Martin, eds. , *Tourism Management: Analysis, Behaviour and Strategy*, Wallinford: CAB Interna-tional, 2008.

Huang, S. , Hsu, C. H. C. , "Effects of Travel Motivation, Past Experience,

Perceived Constraint, and Attitude on Revisit Intention", *Journal of Travel Research*, *Vol.* 48, No. 1, 2009.

Jang, S. S., Cai, L. A., "Travel Motivations and Destination Choice: A Study of British Outbound Market", *Journal of Travel and Tourism Marketing*, Vol. 13, No. 3, 2002.

Jang, S., Wu, C. M. E., "Seniors' Travel Motivation and the Influential Factors: An Examination of Taiwanese Seniors", *Tourism Managemen*, Vol. 27, No. 2, 2006.

Kamakura, Wagmer, A., Novak, Thomas, P., "Value-System Segmentation: Exploring the Meaning of LOV", *Journal of Consumer Research*, Vol. 19, No. 1, 1992.

Klenosky, D. B., Gengler, C., Mulvey, M., "Understanding the Factors Influencing Ski Destination Choice: A Means-End Analytic Approach", *Journal of Leisure Research*, Vol. 25, No. 4, 1993.

Kline, R. B., *Principles and Practice of Structural Equation Modeling*, New York: Guilford Press, 1998.

Lannmanen, T., Wallin, J., "Cognitive Dynamics of Capability Development Paths", *Journal of Management Studies*, Vol. 46, No. 6, 2009.

Lee, Choong-Ki, Lee, Yong-Ki, Wicks, Bruce, E., "Segmentation of Festival Motivation by Nationality and Satisfaction", *Tourism Managemen*, Vol. 25, No. 1, 2004.

Lee, U., Pearce, P. L., *Travel Career Pattern: Further Conceptual Adjustment of Travel Career Ladder*, Proceedings of Second Asia Pacific Forum for Graduate Students Research in Tourism, 2003.

Lee, U., Pearce, P. L., *Travel Motivation and Travel Caree Pattern*, Proceedings of First Asia Pacific Forum for Graduate Students Research in Tourism, 2002.

Levinson, D. J., *The Seasons of A Man Life*, New York: Ballantine Books, 1978.

Lindberg, K., Johnson, R. L., "Modeling Resident Attitudes Toward Tourism", *Annals of Tourism Research*, Vol. 24, No. 2, 1997.

Littrell, M. A., Paige, R. C., & Song, K., "Senior Travellers: Tourism Activitiesand Shopping Behaviors", *Journal of Vacation Marketing*, Vol. 10,

No. 4, 2004.

Li, X. P., Li, X., Hudson, S., "The Application of Generational Theory to Tourism Consumer Behavior: An American Perspective", *Tourism Management*, Vol. 37, No. 8, 2013.

Lunsford, Dale, A., Burnett, Melissa, S., "Marketing Product Innovations to the Elderly: Understanding the Barriers to Adoption", *Journal of Consumer Marketing*, Vol. 9, No. 4, 1992.

Manoj, K., Malhotra, SubhashSharma, Satish S. Nair, "Decision Making Using Multiple Models", *European Journal of Operational Research*, Vol. 114, No. 1, 1999.

Mansfeld, Y., "From Motivation to Actual Travel", *Annals of Tourism Studies*, Vol. 19, No. 3, 1992.

Mary, C., Gilly and Valarie A. Zeithaml, "The Elderly Consumer and Adoption of Technologies", *The Journal of Consumer Research*, Vol. 12, No. 3, 1985.

McIntosh, A. J., Thyne, M. A., "Understanding Tourist Behavior Using Means-end Chain Theory", *Annals of Tourism Research*, Vol. 32, No. 1, 2005.

Mitchell, T. R., *People in Organizations: An Introduction to Organizational Behavior*, McGraw-Hill, 1982.

Mook, Douglas, G., *Motivation: The Organization of Action*, New York: W. W. Norton, 1987.

Moscard, G., Green, D., "Age and Activity Participation on the Great Barrier Recreation", *Tourism Recreation Research*, Vol. 24, No. 1, 1999.

Moschis, George, P., "Life Stages of the Mature Market", *American Demographics*, No. 9, 1996.

Moschis, G. P., "Marketing to Older Adults: An Overview and Assessment of Present Knowledge and Practice", *Journal of Services Marketing*, Vol. 5, No. 2, 1991.

Nachtigall, C., Kroehne, U., Funke, F., Steyer, R., "(Why) Should we use SEM? Pro and cons of structural equation modeling", *Methods of Psychological Research Online*, Vol. 8, No. 2, 2003.

Nimrod, G., Kleiber, D. A., "Reconsidering Change and Continuity in Later Life: Toward an Innovation Theory of Successful Aging", *The International*

Journal of Aging and Human Development, Vol. 65, No. 1, 2007.

Oliver, H. M., Yau, *Consumer Behavior in China: Customer Satisfaction and Cultural Values*, T. J. Press (Padstow) Ltd., Padstow Cornwall, 1994.

Park, W. C., Jawarski, B., "Strategic Brand Concept Image Managemen", *Journal of Marketing*, Vol. 50, No. 4, 1986.

Pearce, D. G., Wilson, P. M., "Wildlife-Viewing Tourists in New Zealand", *Journal of Travel Research*, Vol. 34, No. 2, 1995.

Pearce, P. L., Lee, U. I., "Developing the Travel Career Approach to Tourist Motivation", *Journal of Travel Research*, Vol. 43, No. 3, 2005.

Pearce, P. L., *Travel Behaviour: Themes and Conceptual Schemes*, Channel View Books, 2005.

Prayag, G., "Senior Travelers' Motivations and Future Behavioral Intentions: The Case of Nic", *Journal of Travel & Tourism Marketing*, Vol. 29, No. 7, 2012.

Redding, S. G., & Ng, M., "The Role of 'Face' in the Organizational Perceptions of Chinese Managers", *International Studies of Management and Organization*, Vol. 13, No. 3, 1983.

Richins, M. L., "Special Possessions and the Expression of Material Values", *Journal of Consumer Research*, Vol. 21, No. 3, 1994.

Rokeach, M., *The Nature of Human Values*, New York: The Free Press, 1973.

Ryan, C., *Researching Tourist Satisfaction: Issues, Concepts, Problems*, London: Routledge, 1995.

Sagrera, M., *Population Crisis*, Madrid: Editorial Fundamentos, 1995.

Samuel Seongseop Kim, Choong Ki Lee, David B. Klenosky, "The Influence of Push and Pull Facttors at Korean National Parks", *Tourism Management*, Vol. 24, No. 2, 2003.

Schwartz, S. H. & Bilsky, W., "Toward a Theory of the Universal Content and Structure of Values: Extensions and Cross-cultural Replications", *Jouranl of Personality and Social Psychology*, Vol. 58, No. 5, 1990.

Sheth, J. N., Newman, B. I., Gross, B. L., "Why we buy what we buy: a theory of consumption values", *Journal of Business Research*, Vol. 22, No. 2, 1991.

Smith, J. B., Colgate, M., "Customer Value Creation: A Practical Framework", *Journal of Marketing Theory and Practice*, Vol. 15, No. 1, 2007.

Stearns, P. N., *Consumerism in World History: the Global Transformation of Desire*, London: Routledge, 2001.

Thaler, R., "Mental Accounting and Consumer Choice", *Marketing Science*, Vol. 4, No. 3, 1985.

Urry, J., *The Tourist Gaze: Leisure and Travel in Contemporary Societies*, London: Sage, 1990.

Veal, A. J., *Research Methods for Leisure and Tourism*, London: Financial Times, Prentice Hall, 1997.

Verplanken, B., & Holland, R. W., "Motivated Decision Making Effects of Activation and Self-centrality of Values on Choices and Behaviour", *Journal of Personality and Social Psychology*, Vol. 82, No. 3, 2002.

Vinson, D. E., Scott, J. E., & Lamont, L. M., "The Role of Personal Values in Marketing and Consumer Behavior", *Journal of Marketing*, Vol. 41, No. 2, 1977.

Wang, C. L., Lin, X. H., "Migration of Chinese Consumption Values: Traditions, Modernization, Cultural Renaissance", *Journal of Business Ethics*, Vol. 88, No. Supplement 3, 2009.

Yeoman, I., Schanzel, H., Smith, K., "A Sclerosis of Demography: How Ageing Populations Lead to the Incremental Decline of New Zealand Tourism", *Journal of Vacation Marketing*, Vol. 19, No. 2, 2013.

Yoon, Y., Uysal, M., "An Examination of the Effects of Motivation and Satisfaction on Destination Loyalty: A Structural Model", *Tourism Management*, Vol. 26, No. 1, 2005.

Zhang Qiu Hanqin, Terry Lam, "An Analysis Mainland Chinese Visitor's Motivations to Visit Hong Kong", *Tourism Management*, Vol. 20, No. 5, 1999.

三 网络文献

侯天仪:《人口普查我国迈入老龄社会,银发产业万亿商机凸显》,http://www.zgjrw.com/News/2011429/home/039717615600.Shtml,2013年3月9日。

后　记

　　博士是一个梦想，南开校园的匆匆三年半，苦熬的过程悠长而缓慢，随着答辩日子的临近，即将为实现这份沉甸甸的梦想画上句号！然而此刻的心情却是百感交集，十分复杂，回首三年来，有喜悦，有遗憾，但更多的是感恩！打开电脑，却又不知如何下笔，担心自己贫乏笨拙的语言难以诉说对博士生活的怀念，难以表达对太多人的感激之情。攻读博士的经历，对于我来说，确实是一场漫长的考验，接受这场考验，是不容易的，我深知，如果没有我的导师、家人、同学和朋友的鼓励、帮助与无私的支持，不可能有这篇博士学位论文。在此，谨向曾经指导和帮助过我的老师、家人、同学和朋友致以深深的谢意！

　　首先要感谢我的恩师原新教授！还记得 2014 年，博士考试进入复试前，导师曾语重心长地提醒我，这个年龄选择读博要慎重！我跟导师说"读南开的博士，是我的梦想！"，导师理解每一个怀揣梦想的学生。那年我 39 岁，辞去了高校稳定的工作来到南开。当时我只想说：谢谢您，原老师！谢谢您的知遇之恩！三年求学期间，导师给予我的言传身教将使我受益终身，导师的睿智博识、治学态度、人格魅力和一丝不苟的工作作风，都将是我学习的榜样和今后继续从事科研工作的动力。本博士学位论文从选题、调研、撰写到定稿，导师都给予了我有益的启发和详细的指导，帮助我形成正确的写作思路和分析方法。尤其是在论文选题和调研阶段，由于自身知识的局限以及调研问卷获取的压力，使我对论文的选题和能否最终完稿产生怀疑，是您一次次鼓励和深入剖析，使我对选题的意义以及顺利撰写下去增强了信心。总之，论文完成的每一步都离不开导师的指导！另外，为了增加自己的实践经历，当跟导师详细探讨了自己的职业规划后，导师给予了最大的理解与包容，同意我延期半年答辩到企业实习，四个月的实习使我对企业有了进一步的认知与了解，同时也对自己的职业规划有了清晰的定位。导师的为人、为师、为学，皆为我后生学习之典范。师恩浩荡，永志不忘！感谢师母桑晓丽老师，感谢您三年来对我学习、生活的关心、爱护与理解，使我能在紧张的学习压力下感受到家的温暖。

南开之美，因其有"美哉大仁，智勇真纯，以铸以陶，文质彬彬"之南开精神。感谢南开，感谢经济学院，感谢人口与发展研究所的陈卫民教授、李建民教授、黄乾教授、姚从容教授，感谢你们在我博士学习阶段和论文写作过程中给予的指导和帮助。在选题之初，香港科技大学涂肇庆教授给予了宝贵意见，在此向您表示衷心的感谢！

另外，本书实证研究的数据绝大部分来自深度访谈和调查问卷，在此衷心感谢帮助我进行问卷调查和数据收集统计的老师和同学们。特别感谢燕山大学经济管理学院旅游系付岗老师及其课题组在问卷调查和数据收集过程中给予的大力支持与帮助，同时感谢课题组的学生们，他们是：申洁、费文涛、熊睿、行腾辉、商立娟、秦煜萍等。感谢燕山大学经济管理学院王国志老师、杨春江老师、张薇老师在深度访谈和调查问卷过程中给予的帮助，感谢旅游协会的学生：毕成龙、冯尚、王含臣、刘强、黄振业、赵思飖、曹舒佩、石海洛等，以及研究生郭楠等。在此一并对所有参与深度访谈和问卷调查的每一个人表示深深的感谢，没有你们的支持与帮助，我的论文难以顺利完成！

三年半的博士岁月，我还有幸结识了许多良朋益友，他们是张卓博士、王丽博士、穆滢潭博士、邓金虎博士、马疆华博士、陈洁博士、聂倩博士、奚美君博士、邴程程博士等，还有我的学弟学妹们、我的室友陈培茹博士以及西区公寓9号楼A座14楼1单元的姐妹们。同窗情，常相伴！谢谢你们的陪伴，给我的博士生活留下了难以忘却的记忆！珍存于心！请多保重！

我深深感谢我的父亲徐振利先生和母亲李秀兰女士。在女儿人生之路的每一个驿站，你们总是无条件地给予我支持、理解与爱护。感谢我的所有亲人们，你们的爱是我一路前行的动力，没有你们的强大后盾，我没有勇气和耐力顺利完成学业，谢谢我的挚亲！

回首往事，感慨良多。

谨以此文献给我挚爱的人们！

徐晓娜
2022 年 12 月